人民電業為人民

在服务党和国家工作大局中争当先锋

在服务北京新时代发展中争当标兵

在服务国家电网公司新时代战略中争当排头

人民对美好生活的向往
讲好中国故事系列丛书
编委会

总 序

讲好中国故事　传播工会声音

习近平总书记指出，全党同志一定要永远与人民同呼吸、共命运、心连心，永远把人民对美好生活的向往作为奋斗目标。在党的十九大报告中，“人民美好生活”先后出现 14 次，关乎民生，亦关乎党的使命、宗旨与愿景。这样的大众化、平民化、生活化表述，让新思想、新战略和新蓝图变得生动而具体，承接地气、充满生气、富有底气，直抵人们内心，温暖你我，感动世界。

今天，中国改革开放的历史航船，正处在承前启后、继往开来的新起点。回顾 40 年来尤其是党的十八大以来发生在企业的巨大变化，梳理涌现在职工身边的先进事迹和感人故事，为即将开启的新的改革探索积累更多可供借鉴的典型经验，有助于激励广大职工群众努力奋斗，让劳模精神、劳动精神和工匠精神薪火相传。

进入新时代、踏上新征程，为中国工会赋予了新的使命和担当。各级工会组织要把学习贯彻习近平新时代中国特色社会主义思想和党的十九大精神作为首要政治任务，进一步团结动员广大职工拼搏奋进，为实现中华民族伟大复兴的中国梦不懈奋斗。

处大事贵乎明而能断。经过改革开放 40 年的发展，人民对美好生活的向往更加强烈，期盼有更好的教育、更稳定的工作、更满意的收入、更可靠的社会保障、更高水平的医疗卫生服务、更舒适的居住条件、更优美的环境、更丰富的精神文化生活。在这个展现新时代工人阶级新风采和工会工作新作为的关键时期，我们要牢牢把握人民群众对美好生活的向往，自觉践行人民对美好生活的向往就是我们的奋斗目标的承诺，一步步实现好以人民为中心的发展，确保如期建成得到人民认可、经得起历史检验的全面小康社会。

为了贯彻落实习近平新时代中国特色社会主义思想和党的十九大精神，坚定中国特色社会主义道路自信、理论自信、制度自信和文化自信，讲好中国故事，传播好中国工会声音，中国能源化学地质工会策划组织了《人民对美好生活的向往——讲好中国故事系列丛书》，并由中国工人出版社出版。这套丛书以我国能源化学地质系统劳动模范、大国工匠和普通职工为主人公，生动讲述生产一线劳动者创业、创效、创新、创优的故事，记录新时代产业工人生产生活发生的可喜变化，展现工会组织忠诚党的事业、服务职工群众的创新作为，弘扬好声音、传播正能量，引领广大职工形成价值共识。

我们相信，动员组织广大职工讲好中国故事、传播工会声音，让劳动最光荣、劳动最崇高、劳动最伟大、劳动最美丽的观念深入人心，让诚实劳动、勤勉工作蔚然成风，激励广大职工激情唱响新时代劳动者之歌，争做新时代的奋斗者，在各自平凡的岗位上，通过辛勤劳动、诚实劳动、创造性劳动，做出不平凡的业绩，实现对美好生活的向往！

《人民对美好生活的向往——讲好中国故事系列丛书》

编辑委员会

2018 年 5 月 21 日

前言

向美而生，逐光而行。电力，就是这样一份事业。

对于中国最大的电力企业——国家电网公司来说，人民电业为人民，这份事业的分量是沉甸甸的。

国家电网公司，承担着保障安全、经济、清洁、可持续电力供应的基本使命，供电服务人口超过 11 亿，是关系国民经济命脉和国家能源安全的特大型国有重点骨干企业，已建成全球输电能力最强、接入新能源装机规模最大、安全水平最高的特大型电网，成为全球最大的公用事业企业。

作为国家电网公司服务首都的窗口单位，北京市电力公司牢固树立首都意识，坚持首善标准，坚守首善质量，在服务党和国家工作大局中争当先锋，在服务北京新时代发展中争当标兵，在服务国家电网公司新时代战略中争当排头，始终把首都百姓对优质电能的需要和对美好生活的向往，作为努力奋斗的目标。

几年来，他们高标准、高质量地完成了党的十九大、全国两会、“一带一路”国际合作高峰论坛等重大活动保电任务，年均保电天数超过 300 天；他们率先实施“煤改电”等清洁能源替代工程，助力首都蓝天行动计划；他们全力服务国家重大项目，通州副中心、首钢新园区、大兴新机场、延庆冬奥会、首都核心区架空线入地等“东西南北中”电力建设均提前实现里程碑计划；他们全力优化营商环境，全面对接世界发达经济体“获得电力”指标，“三零”服务成为优化营商环境“北京方案”……

能看到多远的过去，就能抵达多远的未来。

一个故事胜过一打道理。本书撷取了38个北京电力故事，以平安、先行、卫蓝、暖心、先锋五个章节，还原和呈现北京电力人忠诚履责、不畏艰险、锐意进取、拼搏奉献的生动画卷。而他们，正是国家电网160万电力人的代表和缩影。

党的十九大描绘了实现“两个一百年”奋斗目标的宏伟蓝图，开启了全面建成社会主义现代化强国的新征程。

栉风沐雨见肝胆，砥砺奋进续华章。国网北京市电力公司将不忘初心，牢记使命，在新时代体现新担当，展现新作为，为加快建设具有卓越竞争力的世界一流能源互联网企业，为服务于人民的美好生活，书写无愧于时代的壮丽诗篇。

目录

第一章 平安

第二章 先行

第三章 卫蓝

第四章 暖心

第五章 先锋

第一章

平安

平安是金，平安是福，平安用电是百姓美好生活的基础，平安供电是电力人矢志不渝的追求。

北京奥运会、APEC 会议、“一带一路”高峰论坛、党的十九大、全国两会、春节、国庆、高考……每年保电 300 天以上。

重大节庆、会议期间，北京总是流光溢彩、华灯璀璨，而每到这样的时节，2 万名北京电力人，便会自动进入“保电时间”。

“牢记党和人民嘱托，坚定必胜信心，坚持最高标准，以最实最强举措，以最拼最优状态，全力以赴，众志成城，坚决打赢保电攻坚战！”

这是北京电力人的铮铮誓言、庄严承诺，更是他们的神圣使命、光荣职责。

万无一失

⊙ 国网北京市电力公司

“距离党的十九大召开，还有 34 天！”

一块无形的倒计时牌，竖立在 23793 名北京电力员工心中。

这是 2017 年 9 月 15 日，国网北京电力党的十九大供电保障誓师动员大会正在举行。

国网北京市电力公司董事长、党委书记李同智，带领在场的每名员工举起右拳，庄严宣誓——

“牢记党和人民嘱托，坚定必胜信心，坚持最高标准，以最实最强举措，以最拼最优状态，全力以赴，众志成城，坚决打赢保电攻坚战！”

正是从这一刻起，北京电力进入了“保电时间”。

【最卓越的团队】

誓师动员大会吹响了保电攻坚战的号角，而更多的筹备工作其实早已展开。

誓师大会的 6 个月前，全国两会刚刚结束，党的十九大保电筹备随即展开。

毫无疑问，国网北京电力承担着保电主战场的艰巨重任。

总指挥部成立了，现场指挥部成立了，各个分指挥部成立了……它们缜密地整合在一起，构建成一个高效周密的保障指挥体系。

38 项重点任务，细化分解为 456 项工作，进而逐一落实人员和时限。定期召开的推进会和专题会，让各项保障筹备工作井然有序。

党的十九大保电，容不得半点闪失，牵动各方神经。

保电第一线，出现了北京市、国务院国资委、国家能源局主要领导调研视察的身影。

国家电网公司董事长舒印彪和总经理寇伟，更是把保电要求归结成五个“最”——最高的标准、最有效的组织保障、最可靠的技术措施、最饱满的精神状态、最严明的工作纪律。

23793 名员工各就各位，整个国网北京电力进入高速运转的状态。

支部书记在行动——

“党的十九大供电特级保障期间，必须严格遵守国家保密法律、法规以及规章制度，履行保密义务。”党支部书记详细讲解保障过程中的保密要求，确保每一位员工熟知保密手卡的内容。

巡视人员在行动——

“线路运行正常，未发现隐患，巡视人员状况良好。”输电班组员工奔走在输电通道现场，通过望远镜观察线路运行状况，认真记录并及时上传至手机

APP。

保障人员在行动——

“值班用品分发完毕，马上送到值班地点。”综合服务保障队以秒计速，5 分钟建群，10 分钟完成组内工作流线和任务布置，1 小时完成值守补给物品分发。

……

党建支撑“保电”。国网北京电力组建前线联合指挥部临时党委，305 个临时党支部遍布会场驻地等重要保电场所，成为攻坚克难的战斗堡垒。

从 79 支党员保障队到 95 支共产党员突击队，从 88 支党员服务队到 1169 个党员责任区（示范岗），由此形成的一流团队意志昂扬，全力保障供电万无一失！

怀柔供电公司，一场面向党旗的宣誓正在进行。

党的十九大供电保障电网运维保障队变电运维组的队员们齐声承诺：“牢记党和人民嘱托，誓夺党的十九大保电决战决胜！”

密云供电公司，一个感人的亲情故事正在流传。

党员景辉连续几个月加班加点，组织协调专业培训，编制落实保障方案，周密安排后勤服务，幼小的孩子只能在电话里听到爸爸的声音，竟然以为爸爸“住在了电话里”。

2017 年 9 月 30 日，全部保障筹备工作按计划高质量完成。

以站、线、客户为单位，国网北京电力组建了 287 个保障团队，形成了“整体指挥、专业协同、团队合作”的作战模式。

新的保障团队配有运维、安保等专业员工，由队长直接向指挥部汇报突发情况。这样的创新做法，打破了以往各自为战的界限，使得应急处理变得

更加协同、扁平和高效。

参照军事化管理模式，检修公司更是实施了“战区制”。公司领导担任“营长”，统一指挥“战区”工作，当场协调解决突发问题。区主任担任“连长”，班组负责人担任“排长”，统一调度管理不同专业和领域的各个工种。

【最智能的管控】

2017 年 10 月 18 日，人民大会堂，党的十九大隆重开幕。

国网北京电力高度戒备，保障工作进入特级政治供电保障模式。

“城区公司保电工作一切正常！”

“海淀公司保障人员已全部就位！”

国网北京电力党的十九大供电保障总指挥部里，公司总经理坐镇值守督导。通过电视电话会议系统，各分指挥部的实时情况汇聚起来。

总指挥部里的巨大屏幕上，政治供电模块即时显示出每一条重点保障线路，沿线分布着密密麻麻的卡通小人，头上的安全帽闪烁着蓝光。

这套智能化的供电服务指挥系统里，每个卡通小人就代表着一名供电保障人员。鼠标随意点到任意一个卡通小人，这名员工的工作状态和工作进度等关键信息都会马上显示出来。

从任务在线派发到保障过程监视，从人员定位到轨迹查询，从实时分析指挥到一键告警……政治供电模块具备了诸多功能，实现了保障任务的穿透管理，成为指挥人员的“千里眼”和“顺风耳”。通过移动作业终端、800 兆和 4G 单兵，总指挥部可以与任何保障人员进行通话，调取图片和视频，随时掌控每名保障人员的工作情况。

与此同时，国网北京电力安全监控中心的远程视频系统也全部启动，监控所有的重点变电站、线路和保障现场，将全方位、无死角的监控画面实时传送到总指挥部。

技术创新的广泛应用，为国网北京电力的保电工作插上了智能的翅膀——

采用低压介损试验等技术，“地毯式”排查设备隐患，确保所有设备处于最

佳状态；

采用电缆精益化管理系统，电缆路径全明晰，通道资源全可视，状态参数全集成，巡检任务全掌控；

采用智能安防系统，重点站线实现视频监控、出入控制、入侵探测全覆盖；

采用国际领先水平的气象灾害精准预报预警系统，气象预报精细到任意变配电站室、杆塔或线路，随时进行灾害精准预报、实时监测预警和设备承灾能力评估。

身处保电一线的近万名国网北京电力员工，每人配备 4G 摄像头、800 兆对讲机和手机等单兵装备。与此同时，工程公司应急抢修中心自主研发出应急电源母方舱，分 5 组在 11 条线路上投入使用，提供无间断充电服务，确保所有单兵设备正常使用。

这是新系统上线最多的政治供电。

这也是移动应用、无人机巡检、紫外成像等技术手段频繁使用的政治供电。

这更是智能化指挥、智能化管控、智能化保障融为一体的政治供电。

【最坚强的堡垒】

2017 年 10 月 20 日，党的十九大进入第三天。

傍晚时分，石景山一处输电线路铁塔下，闫四化和队友匆匆吃完后勤人员送来的工作餐，整理好装备出发了。

头顶上方，就是一条重要输电线路。他们要沿着线路巡视，排查外力隐患、风刮异物等异常情况。

四人两组，每次 1 个小时，每天要来回巡视至少 12 次，这就是巡线员工的保电生活。

闫四化所在的组里，还有两名装备齐全的安保人员，负责对铁塔进行不间断看护。

“年年都有保电任务，这次巡视安排的人最多，要求也最严格。指挥部随时把任务发到手机 APP 上，我们必须立即执行，并用 APP 进行记录和拍照。照片自动带有时间、位置等坐标信息，至少每两个小时就要上传一次。”闫四化说。

草丛里搭起两顶蓝色的小帐篷，这是闫四化和队员的值守点。比起山上的同伴，这里的环境好多了，但还是有成群的蚊子往人身上扑。

“好在夜里本来也消停不了，既要正常夜巡，还要随时落实指挥部紧急布置的工作，蚊子想叮也没机会。”闫四化笑着说。

党的十九大保电期间，国网北京电力投入 23793 人用于运维保障、安保防恐和应急抢修，是执行党的十八大保电任务的两倍，创下历史之最。

闫四化的生活状态，正是 23793 名员工的生动缩影。

从公司总指挥部、前线联合指挥部、现场指挥部到二级指挥部，24 小时不间断运转。

287 个保障团队坚守岗位，全力确保设备安全稳定。

353 支应急队伍的 4191 名应急人员全天候待命，随时应对突发事件。

整个保电区域里，重点变配电站 24 小时有人值守，重点杆塔、电缆终端站、电缆通风亭 24 小时有人看护。特勤处突工作分为四个战区进行部署，安保防恐级别达到历史最高。

网络安全防护同样达到历史最严。无论是网络、主机、终端还是应用环节，通过安全可视化系统，全部实现全景可视、预警监控和联动处置。

在会场及驻地，大容量飞轮储能发电车 24 小时待命，110 千伏车载移动式变电站 24 小时待命，10 千伏移动箱变车 24 小时待命，一旦出现紧急情况，即刻可以实施多路应急供电。

为了确保供电“零闪动”，人民大会堂安装了固态切换开关（SSTS）和不间断电源（UPS），快速切换只需要 5 毫秒，即便出现设备故障或电压波动，敏感用电负荷依然不受任何影响。

党的十九大保电期间，北京地区 95598 人工服务请求量为 65518 通，人工服务接听量为 65082 通，人工服务接听率为 99.33%，服务评价满意率为 99.67%，实现了政治保电和城市运行供电两不误、两促进。

百倍决心，百倍努力，换来的是万无一失的绝对安全。

设备零故障。客户零闪动。工作零差错。服务零投诉。

国网北京电力彰显了国家电网的品牌形象，践行了首都电力人的责任担当，树立了首都政治供电的新标杆。

长安街上掌灯人

⊙ 北京市城市照明管理中心

中国，北京，天安门广场。

清晨，国旗升起，华灯熄灭。

傍晚，国旗降落，华灯初上。

国旗巍巍，庄严耸立七十载；

华灯熠熠，璀璨屹立六十年。

如今，华灯已经与天安门广场、长安街、金水桥、华表一起，成为首都北京的象征。每逢节日，华灯全部开启，十里长街流光溢彩，天安门广场火树银花。

而国网北京电力城市照明管理中心的华灯班，正是华灯背后的“掌灯人”。

【璀璨的华灯】

时光回到60年前。

1958年，首都十大建筑昼夜赶工，要为第二年的中华人民共和国成立10周年献礼。

天安门广场和长安街上的华灯，同样进入了紧张的设计阶段。

当时，王庆余是北京电业管理局低压所路灯队（北京市城市照明管理中心前身）生产组组长。在他的记忆里，周恩来总理亲自从十几种方案里选定了华灯的灯型——天安门广场的华灯是9球莲花灯，长安街两侧的华灯是13球棉桃灯。

1959年，华灯建设“会战”打响，几十号人的路灯队集体出动，手拉肩扛，挥汗如雨，不眠不休，终于大功告成。

最初，华灯的光源采用的是1000瓦白炽灯。

“那时候最怕夏天，一下雨灯泡就炸，必须频繁更换。”老师傅们回忆说。白炽灯是热光源，亮一会儿就发烫，“白薯都能烤熟，戴着防护手套换灯泡都觉得烫手”。

最初，华灯只在重大节日才全部开启，主要是作为景观照明。赶上天安门广场举办舞会或表演活动，华灯班的员工要守护在每一基华灯下，随时准备处理异常情况。

如今，华灯的光源变成了85瓦电磁无极感应灯。每到周末，它们全部点亮，整个天安门广场和长安街美轮美奂。

鲜为人知的是，在国旗班正式守卫国旗以前的25年里，天安门广场上的国旗，是由华灯班员工每天清晨骑着自行车来升起的，国旗杆上的第一颗电动按钮也由华灯班设计安装。

为了确保华灯正常运行和外观的清洁，每年的 6 月至 9 月，华灯班都要对所有华灯进行清扫、检修和运维，保证以最好的照明状况迎接国庆节。

听上去，华灯班的任务并不复杂，实际上却有着很高的技术含量。

华灯灯柱高大，设计复杂，每一基华灯的色调由多种光源配出，灯柱内线路密布。华灯所在的天安门广场和长安街，更是人流车流密集，交通状况复杂。

为了维护保养华灯，华灯班专门配备了“变形金刚”——华灯车。一辆华灯车就是一个细致分工的团队，配备着司机、交通指挥人员和专业维护人员，把每一基华灯的清洗检修工作分成了 6 个步骤、37 个环节。

“周围没有障碍物，好，起车！”

随着调度员一声令下，“变形金刚”打开升降平台，贴着华灯灯柱升起。高度达到预定位置时，升降平台动板自动打开，形成一个豁口卡住灯柱。

随着一声“开动”的指令，年轻敏捷的员工迅速从平台爬上灯柱，系上安全绳，拿出专用工具拆卸灯球，取下后传递给旁边的配合人员。

“这个工作非常考验团队的专注和默契度。大家磨合久了，只要对方看一眼、嗯一声，队友就能马上把他需要的东西递上去。”华灯班班长陈春光说。这背后在于每个人都全心投入、凝神聚力地雕琢好每一道工序细节。

北京最炎热的时候，正是华灯班最忙碌的时候。

4 个月，6000 多个灯球一一进行清洗检修，核对记录每一基华灯的光源、线路、镇流器和保险，为日常运行维护工作提供翔实依据。

为了减小对交通的影响，华灯班的工作时间被限制在早晚高峰之间，10 时开始，16 时结束。遇上重大活动，清洗检修还要暂停。看上去很充裕的 4 个月，每天都需要抢进度，质量更容不得一点马虎。

如此 59 年，日复一日。

国家电网
STATE GRID

【不舍的情结】

华灯建成 3 个月后，孟庆水出生。如今，58 岁的他刚刚卸任华灯班的班长，被年轻员工尊称为“水爷”。

检修清洗华灯 38 年，孟庆水对每一个灯座、每一盏明灯都熟稔于心。

“长安街上有 143 基 13 球棉桃灯，广场及天安门内有 110 基 9 球莲花灯。其中，广场内的 100 基华灯的灯座上，恰好有 100 种花案，象征着百花齐放，繁荣昌盛。”孟庆水说。

华灯车的作业平台是一块铁板。炎热的正午，站在将近 70 摄氏度的铁板上，仿佛钻进了烤箱。更何况，华灯班的员工还要穿戴着严实的防护衣帽。用孟庆水的描述，“检修工作刚刚开始 5 分钟，我们的衣服就湿透了。”

华灯的球形灯罩里，积满了灰尘，也积满了蚊虫的尸体，打开时臭气熏得人睁不开眼。气枪够不着的地方，就得员工用嘴去吹，经常弄得脸上、脖子上全是死虫子。

这个时候，碰上神态犹豫的新员工，孟庆水严厉得出奇。“我们是团队作业，一个人拖延 5 分钟，就意味着 20 多个人都要拖延 5 分钟。”

当然，孟庆水也有开心的时候，那就是维护后的华灯“白天很整洁，夜晚很璀璨”。

2003 年，宋晓龙第一次登上华灯车，跟着爷爷和父亲成为宋家的“第三代掌灯人”。

尽管都是“掌灯人”，宋晓龙觉得自己才是最幸运的。

爷爷宋志龄开始操持的是街巷里的煤油灯，天快黑的时候负责点火，天快亮的时候负责熄灭。改成电灯以后，他每天晚上都要出去修灯，自行车大梁上

挂着两个装着零配件的兜子，后座上挎带着两副脚扣，外加两盒灯泡，通常要转到后半夜才能回家。

父亲宋春生在路灯队干了一辈子，最开始还是修灯，依然是白天休息，晚上工作，过着黑白颠倒的日子。

15年前，宋晓龙来到照明中心，成了一名路灯巡检员。从2003年开始，他11年间“缺席”了10次家庭年夜饭，为的就是为北京大街小巷带来光明的每一盏路灯。

2014年，宋晓龙进入华灯班，负责带领那些二十岁出头的巡检员，肩上的责任和任务更重了。但是，每一次见到华灯，他还是难以抑制自己内心的激动，他觉得自己“不是一个人在战斗”，而是延续着整个家族的“掌灯大业”。

在长安街与天安门广场，庄重雍容的华灯已经矗立了将近一个甲子。

默默守护，赓续传承。华灯班的员工换了一茬又一茬，他们对华灯的感情却从未改变，历久而弥深。越来越多的年轻人，从孟庆水、宋晓龙手中接过了守护华灯的重任。

今年29岁的裴希瑶，是新加入华灯班的机械工程专业硕士，具体负责资料管理，他从小就对电路感兴趣，来到华灯班如鱼得水。正午时分的户外劳作，很快让他变成了亲人眼中的“黑小伙”，他却觉得工作特别开心。

孟庆水说过，“有本事，守华灯去！”

这句话激励着华灯班的年轻人，把责任和情怀代代相传，时刻铭记“灯，比自个儿重要”。

【守护风景线】

孟庆水刚进华灯班时，每天开工后先要折腾半个多小时，用碗口粗的杉篙搭成高高的架子，上面铺上木板，人站上去晃晃悠悠。清洗一基华灯，需要挪动三四次架子。每挪动一次，工人就得先下来，然后再爬上去。费时费力，半天才能清洗完一基华灯。

那个时候，华灯班连安全帽都没有，大家都是戴着草帽修灯。到了三伏天，直径 50 多厘米的灯球晒得烫人，摘下来要换几次手，才能放在大竹筐里。怕灯具上的螺丝生锈，需要涂抹机油、煤油、黄油混合而成的润滑油，一个班下来，全身都是油渍。

如今，随着科技进步，华灯班也“鸟枪换炮”。

位于左安门一处并不起眼的小院，是北京城市照明管理中心的监控室。

利用首都城市照明监控指挥系统，华灯实现了智能化开关灯和状态实时精准监测。无论哪一基华灯出现异常，监控系统都会立即报警，华灯班都会第一时间赶来抢修。

华灯班现在使用的第四代华灯清洗检修车，世界仅此一辆，液压装置自由升降平移，配备高压水枪和气枪，灯罩都不用卸下来，直接在平台上冲洗，清洗用水都能循环利用，不像以前每次作业完了，地上就留下一滩水。清洗一基华灯，最快 15 分钟就可以完成。

技术先进了，责任心要更强，技艺要更高。平均年龄只有 27 岁的华灯班，每一位成员都要经过“精挑细选”，也都是技能竞赛的获奖选手。毕竟，天安门广场上最有名的两个班，一个是华灯班，另一个就是国旗班，使命同样神圣和光荣。

2017 年 8 月 1 日，华灯班和国旗班终于见面了。

这一天，中国两个最著名的“班”开展了党员结对活动。国旗班的战士打趣道：“升旗的时候，华灯就灭了；降旗的瞬间，华灯又亮了。难道咱们用了同一个开关？”

当然，“一个开关”是幽默的说法。国旗升降与华灯亮灭，都采用天文台的日出和日落时间。分毫不差，是因为华灯班员工和国旗班战士同样一丝不苟。

为了展示国旗的风采，彰显祖国的尊严，国旗班的战士“冬不穿棉，夏不穿单”。华灯班索性走进国旗班开展军训，外练筋骨皮，内练一口气，打造硬朗作风。

军训结束，华灯班向国旗班的战士发出邀请，一起感受华灯班高温酷暑的作业情况，体验拆卸、擦拭、清洗、安装、加固等一系列流程，增进互动了解，加深彼此友谊。

如今，长安街的繁华夜景，已经不能缺少华灯的点缀；天安门广场的熙攘游客，已经离不开华灯的陪伴。

作为首都核心区“掌灯人”，华灯班正日夜守护着“华夏第一灯”，守护着这道中国最亮丽的风景线。

玫瑰静放

⊙ 国网北京检修公司

北京，王府井，“中国第一金街”游客熙攘。

早上8点半，许文静从一个不起眼的入口“钻”进19米深的地下，进入自己的工作岗位——王府井220千伏变电站。

很少有人知道，在东方广场主建筑群的下面，隐藏着一座神秘的“电宫”。

更不被人所知的是，运营维护这座最靠近中央核心区变电站的，竟然是温柔细腻的巾帼女子。

【地宫里的坚强守候】

时光倒推至 19 年前，王府井 220 千伏变电站投产发电。三台 25 万千伏安变压器稳定运行，为天安门广场、人民大会堂、国家大剧院等特殊用户提供供电保障。

今年 40 岁的许文静是王府井变电站第一批员工，她的工龄就是这座变电站的“年龄”。在这里，所有的运维管理人员一直都是女性，前前后后工作过的女值班员达 100 多名，是国网北京电力赫赫有名的“巾帼站”。

如今，包括支部书记许文静在内，王府井变电站有 7 位姐妹。

这一天的值班人员是许文静和王俊秀。24 小时值班时间内，她们要对站内所有设备进行 5 次检查，确保运行稳定。

王府井变电站共有地下三层，最深处为地下 19.4 米，每一层面积约有 4000 平方米。许文静和王俊秀拿着设备沿阶而下，来到变电站主要设备最集中的地下二层。

进入夏季，本就潮湿闷热的地下，嗡嗡作响的设备间就像是一个又一个闷葫芦罐。

开关室里，101 面开关柜两侧排开，闪烁着红红绿绿的信号灯。检测开关柜是“大工程”，开关柜有一人多高，每一面都需要检测上中下三个测试点，全部检测一次要做 300 多个深蹲起动作，许文静和王俊秀的工作服被汗水浸湿，汗珠顺着脸颊直往下滴。

主变室、母线电容器室、电缆夹层……1.4 万平方米的变电站设备密布，管道纵横交错。从上到下 111 级台阶，再加上每一层的反复巡视，每个班次行走的距离有五六公里。

【天天进步事事一流】

王府井变电站的每一位工友，都清楚记得老站长张建英的那句话——严谨出真功，细节定成败！

从筹备发电开始，张建英就一直在王府井变电站工作，一直忙到退休。发电前的准备工作异常繁重，她始终冲在最前面。图纸上都是英文，她就逐个单词查字典，再去变压器和 GIS 室核对设备数据资料。

凭着这股不服输的韧劲儿，张建英带着工友坚守在地下“电宫”，每一次巡视操作都精细再精细，每一次工作准备都认真再认真。

拾级而行，在 19.4 米深的地下，人们看到的是一座不一样的变电站。

整个工作空间井然有序，300 余册图纸、资料、台账全部分类归档，“操作提示卡”贴在设备上，时刻提醒着操作要点和注意事项，仪表工具和备品备件实现了一对一的定置管理。

更为难得的是，员工们提炼总结长期标准化作业的运行经验，编写了《交接班规范》和《日常工作管理规范》等 23 本站内规范，为地下变电站的制度管理、定置管理和安全管理提供了示范和指导。

在“巾帼班”，敬业和认真是对每位员工最基本的要求。

许文静刚上班的时候，变电站还是 6 天 24 小时工作制，难得见到太阳，上到地面先得使劲呼吸几口新鲜空气。

保障党的十九大用电的特殊时期，“巾帼班”三人一组，实行 48 小时工作制。王立红的丈夫在另一个变电站工作，两个人同在北京，竟然足足有一个月没见过面。

既然是“巾帼班”，每个人便迟早都要面对孩子和家庭。没有哪个母亲不牵

挂自己的孩子，但是，地下变电站通信信号隔绝，根本没有办法查问操心孩子的生活，只能在空闲时翻看手机里面的照片。

“班班努力，人人自觉，天天进步，事事一流”。变电站的醒目位置，触目可见的是这样 16 个字。这是吴邦国同志在 2000 年视察变电站时的题词，也是“巾帼班”精神传承的概括。

【创新永远在路上】

在整个亚洲，王府井变电站是第一座总容量 75 万千伏安的 220 千伏全地下式变电站，吸引过太多羡慕的目光。

伴随着科技的飞速进步，王府井变电站也正在跟上时代的脚步。“苦干”一直在坚持，“巧干”更成为“巾帼班”员工的新追求。

创新路上，掌上检修 APP 来了，智能安防系统来了，智能巡检机器人来了。这些新科技产品的娴熟运用，让王府井变电站的运维管理“更规范、更精益、更智能、更高效”。

如今，员工手持掌上检修 APP 巡检，40 个表单全部实现电子化，随时录入上报，在工作效率提升 30% 的同时，还让现场作业流程和工作质量达到全透明和全可控。

如今，智能安防系统覆盖整个王府井变电站，全天候监控变电站周围空间，360 度无死角。

如今，再小的放电声也逃不过特高频局部放电检测仪的“耳朵”。它就像是设备的 CT 机和听诊器，时刻捕捉每一个毫不起眼的异常声音，帮助运行人员及时发现设备缺陷。

默默无闻，尽心守护。19 年来，王府井变电站的女值班员们默默坚守在长安街的地下“电宫”，汇聚成了执着、坚守、创新、奉献的巾帼精神。

19 年来，“巾帼站”安全运行超过 7000 天，输出电量 200 亿度，完成北京奥运会、APEC 会议等重大政治活动供电保障 1000 余次，供电可靠性 100%，达到世界一流城市地区供电水平。

又一个 24 小时值班结束了。许文静走出王府井变电站，从地下“电宫”回

到了地面，她深深地呼吸着新鲜空气，努力地驱赶着满身疲惫。

在很多人看来，值守变电站的工作日复一日，枯燥无比。

然而，“巾帼班”的 7 位女值班员却觉得这是“最有意义的生活”，因为她们用自己的温柔细腻温暖着原本冰冷的设备，守护着北京核心区的供电安全。

每一台机器都不会说话，它们的运转轰鸣就是对“巾帼班”最好的赞美。

每一个夜晚都不会说话，王府井的灯火通明，长安街的流光溢彩，就是对“巾帼班”最美的写照。

打通电力生命线！

⊙ 国网北京密云供电公司

2018 年 7 月 16 日凌晨，一场突发性暴雨突袭密云北部山区，石城镇张家坟村、冯家峪镇西白莲峪村最大降雨量突破 300 毫米，白河张家坟水文站流量达 1300 立方米每秒。密云北部山区多处山体滑坡、农田被淹、道路交通中断、电力线路倒杆断线，设备设施损坏严重，1600 余户居民用户停电，密云地区电网告急。

“四级、三级、二级、一级……”灾情发生后，凌晨 1 时，国网北京密云公司迅速启动突发事件应急响应，并与区政府联动，根据受灾情况应急响应不断升级。

暴雨季里，一场保卫电力生命线的战役打响了。

【暴雨来袭 抢修力量迅速集结】

灾情发生后，国网北京密云供电公司应急指挥部、各支抢修队伍迅速运转起来。

3 时 54 分，冯番路支线开关跳闸……

4 时 50 分，四合堂路支线开关跳闸……

5 时 15 分，冯西路支线开关跳闸……

受暴雨影响，电网故障接踵而来。

不打无准备之战。汛期来临之前，国网北京密云供电公司就做好了各项准备工作，消除电网各项隐患，分区域储备应急物资装备，保持与区气象部门密切联系，开展应急演练，抢修人员随时待命。大战真的来了，应急体系高效运转起来。

“冯家峪、石城请安排人员查线，注意安全。”

“支援部门做好准备。”

“物资部门做好应急物资调配。”

……

一条条指令，从应急指挥部迅速发出。

“冯家峪西白莲峪引发洪水。”

“张家坟村断杆，变台倒了。”

抢修人员陆续抵达各故障点，故障情况和现场图片先后传回指挥部。

“继森副经理在指挥部；祁波带着支援人员到现场指挥；溪翁庄所去石城支援；卫东和我一起去现场……”随着国网北京密云公司经理朴天高的几条指令，抢修队伍和车辆迅速赶往现场。

据统计，当日国网北京密云供电公司共集结 6 支抢修队伍、16 辆抢险车辆、160 余名员工前往受灾地点开展抢修工作，并调配 10 台发电机到受灾地区为区政府现场指挥部、通信基站等重要负荷应急供电。同时国网北京电力公司派出的 30 名专业抢修队员、6 辆发电车前往密云支援。迅速的反应、充足的抢修力量、强有力的支援为后续应急抢修工作提供了坚强的保障。

【争分夺秒 只为快速恢复供电】

7 月 16 日凌晨 5 时多，天阴沉沉的。张家坟村村民孙淑清一觉醒来，发现村口有很多戴着蓝色安全帽的电力工人在忙碌着，只见原本立着的电杆歪歪斜斜地靠在坝沿边，杆上的线也断了。

“我们深夜 3:30 到现场，1 基 10 千伏电杆倒了，雨量过大土地塌陷，得重新挖坑立杆。不过杆体和变压器等设备没有损坏，我们正在加紧抢修……”密云石城供电所所长汤捍东向指挥部汇报完现场情况，安排好张家坟现场的抢修工作，又驱车匆忙赶往下一个抢修现场。

抢修期间，三次突降瓢泼大雨，地面一度汇流成河。而抢修人员手中的工作从未停顿。拆卸旧杆设备、重新选址挖坑、立杆，直到变压器安装、接入电缆，抢修工作分秒必争。“一二、一二”，雨声中，施工人员的号子格外响亮。

“四合堂等 5 个村近 1000 余户居民被困，通往村里的道路被冲毁，通信、通电中断，目前村里几条沟处于失联情况，据了解，现场还有 80 余名参加夏令营的学生……”16 日上午，密云区应急办紧急通知。

琉辛路是红星、四合堂、黄土梁等村与密云城区联系的唯一道路，但是受暴雨影响，该路半次缸路段发生山体塌方，道路中断，车辆、行人无法通行。

站在断路口，只见积水如瀑布般顺着山体倾泻而下，与河道中的河水汇集，水流浑浊而湍急。路面从山脚处塌陷，出现几米的深沟，与对面隔离。由于通信中断，里面的情况究竟怎么样，会不会更严重？谁心里也没底。

必须进去看看！朴天高下定决心。他立即向密云区应急指挥中心汇报，请消防队员协助，安排抢修人员前往失联区域，查找线路设备受损情况。

“我带着去吧，四合堂线路我比较熟，查找起来快一点。”前来支援的溪翁庄供电所李岩松主动请缨。

9 时 10 分，李岩松带领 6 人组成的“突击队”，携带无人机、铱星电话等装备，在消防队员的帮助下，徒步进山。此时，消防梯成了连接河两岸的唯一通道，脚下是滚滚的水流，天空还时不时地下起阵雨，行走的每一步都需要屏住气息。

“路上遇到村民，说红星这边有倒杆，具体情况不清，我过去之后查明情况再进行汇报……”

“这边路上有塌方，我们徒步进去。”

“故障点断开，试发成功。”

李岩松气喘吁吁地汇报现场情况，并进行紧急故障处理。12 时 20 分，10 千伏四合堂线路除个别支线外恢复供电，当地通信全部恢复。

【冲锋在前　党员干部带头攻坚】

“此次降雨持续了 58 小时，为入汛以来最强降雨过程。其中，张家坟水文站迎来 20 年来最大洪峰。”密云区水务局负责人介绍说。

暴雨致使石城、冯家峪地区共 4 路 10 千伏线路发生故障，共发现故障区段 12 个，高低压电杆损坏 165 根，变压器损坏 18 台。在事故面前，国网北京密云供电公司广大党员干部坚持冲锋在前，连续作战。

“看看人齐不，数数人，我们一起走”。7 月 17 日 17 时 10 分，冯家峪镇西白莲峪村，一群头戴安全帽、浑身湿透的抢修人员从山坡上走下来，说话的是国网北京密云供电公司经理、党委副书记朴天高。自故障发生以来，他连续两天前往抢修一线。7 月 16 日 20 时，石城再降暴雨，造成四合堂、红星等村 316 户村民二次停电，通信再次中断。17 日凌晨 5 时，朴天高带领 23 名抢修人员涉水徒步进入该区域。“里面通信中断，我得带头进去，必须把大家安全带出来……”

“刚才这水可够深的，都快到我的大腿根儿了……”石城供电所所长、党支部委员汤捍东和伙伴们扶着牵引线绳，蹚过了湍急的河流。受暴雨影响，原有的河流暴涨，原有道路也成了河流，抢修人员经常从这一条河走过那一条河。

“西白莲峪村雨量最大，地基也十分不稳，山上随时会有塌方的危险，明天咱们立杆架线的同时还是要做好万全的安全措施。”刘卫东说。连日来，这位已经 54 岁的运检党总支书记始终和抢修人员一起坚守在抢险一线。

“水里石头滑，大家拉着点，千万别摔倒，安全第一。”7 月 18 日，密云供电公司副经理李继森带领 40 余名抢修人员前往最后的故障点——冯家峪镇西白莲峪村。新立线杆、处理缺陷、为电杆筑起护根……

抢修集结号，在抗洪保电一线吹响；电力生命线，在抢修人员汗水中打通。经过全体抢修人员连续鏖战，灾害发生后 61 个小时内，密云地区受暴雨影响的居民供电故障全部恢复，电力人用实际行动再次诠释了“人民电业为人民”的责任和担当。

“战区”奔袭

⊙ 国网北京检修公司

崇山峻岭间，一座座银色铁塔格外耀眼。

穿过茂密的草丛，一条蜿蜒的小道延伸至每一级铁塔根部。这时，一个身影从远处走来。

“报告指挥部，我是检修公司 17002 任务二营输电连连长顾福生，我所保障线路为云台线，正在进行巡视及测温工作。现场天气晴好，微风，我所巡视的输电线路一切正常，报告完毕。”

“收到，请您保持通信畅通，现场发现异常请及时上报。”党的十九大保障期间，连长顾福生每天都需要这样汇报十几次。

党的十九大保障期间，国网北京检修公司将供电保障区域划分成十大战区，设置“营、连、排、班”，实行“军事化管理、纵横联动”的保障模式，形成“上下信息传递直接到达、管理监督层层进行”的保障工作格局。

“通过军事化管理模式，各营区都明晰了自己的工作职责，我们的人员都调动起来了，所有人都能在‘战区’内充分发挥作用。”现场保障人员说道。

“我是连长，我去吧！”作为检修公司 17002 任务二营输电连的连长，顾福生一直冲锋在前，深入保电一线。

“小刘，抓住这两个树枝登住崖壁，慢慢顺下来。”

“别着急，抓稳这块突出来的石头，脚底下踩实，慢慢往上爬。”

每一次上山巡视，老顾带着成员们往上爬时，从山脚下望去，山顶的铁塔像是个小皇冠一样被太阳照得闪闪发光，周围虽然绿意盎然却根本看不到一条畅通的道路。一路上，太阳火辣辣地照着大家，不一会儿的工夫，衣服就彻底湿透了。

在党的十九大保障期间，顾福生和他的连队来到驻扎地，对输电线路进行 24 小时不间断看护。

由于驻扎地在野外，到了深夜，周围安静得可怕。这一天，刚巡视一圈回来的顾福生走进帐篷，还没来得及喝上一口热水，便听见外面有异于寻常的声响。

机敏的老顾和同伴连忙走出帐篷，竟然发现了一只野猪。为了防止外力对驻守基地造成影响，顾福生和同伴立刻制服了野猪。

“回想起来也挺害怕的，平时见多了蛇、蜈蚣这些小动物，第一次碰见大活物。”顾福生笑着说。

艰苦的环境，恶劣的条件，没有阻止检修人前进的脚步，他们依旧忙碌在大大小小的设备前，用自己的实际行动践行着作为一名党员的责任与担当。

【保电我在前】

“我们庄严承诺，我们一定牢记使命，不负重托，勇挑重担，守土有责，关键时刻，保电有我，上下一心，协同攻坚，全力确保完成党的十九大供电保障任务——我们是发电车客户服务保障队。”

在保电现场，发电车独立连、临时党支部书记姚雁南带领保电人员庄严宣誓。

在党的十九大供电保障中，检修公司突出党建引领，将“支部建在连上”，设立 10 个电网运维保障队（临时党总支）、27 个电网运维保障分队（临时党支部）、117 个党员责任区，不同专业的党员分配到不同战区进行工作，实现中心工作在哪里，党建工作就在哪里，阵地无处不在。

作为保电期间发电车独立连的连长，姚雁南说：“作为一名共产党员，能够在关键时刻发挥自己的作用，才真正无愧于胸前这枚沉甸甸的党徽。”

与老顾保电工作地点在野外不同，姚雁南的保电工作地点在城区。但是，这并不意味着轻松。

保电现场的 24 个日日夜夜，保电值班员始终坚持 24 小时“蹲点”值守。每天，保障人员都对车辆仪器仪表各项参数、发电功率进行逐一检查，确保发电车运行正常。

因为要确保发电车安全供电，值班人员要轮流在户外不停巡视，工作重复、枯燥，这在旁人看来，一分一秒都是难熬的。

晚上 8 点，主会场保障点外灯光交相呼应，空旷的停车场里，保障人员一遍一遍地巡视发电车，核实接头位置。“仔细点，再给发电机组控制系统通下电，激活一下，别休眠了”，保障队员按照要求对发电车

开展带载实验、电能质量监测、大负荷试验记录测试波形……结束一系列测试后已是凌晨 2 点。

“越是重要的保电工作，越要坚守，这就是我们的党员先锋团队。”姚雁南每次举起他们的队旗时都是满脸的自豪。

在艰难险重的任务面前，在突发的紧急事故面前，在条件艰苦的巡查路上，在连夜值守的工位里……检修公司的 700 多名党员和党支部经受住了考验，也赢得了全公司几千名员工赞许的目光。

不忘初心，砥砺前行，方能让自己胸前的党徽更加闪亮。

专责监护

力保“中国芯”

⊙ 国网北京亦庄供电公司

“叮铃铃……叮铃铃……”

2016 年春节前一天，早已过了下班点儿，办公室里急促的电话铃声，让段文超心头一紧。

他抓起电话，只听了几句便眉头紧锁。

电话那头，位于北京亦庄的中芯国际电气负责人焦急地报告说：“我们内部设备出事故了，变电站突然没电了……”

段文超立马从工位上拽起羽绒服，蹿上工程车，向中芯国际疾驰而去。

“中芯国际可是生产‘中国芯’的重要企业，对供电可靠性要求非常高，别说断电了，就是闪动一下都不得了！”作为北京电力亦庄供电公司工程项目经理，段文超知道，供电安全对这家企业意味着什么。

一路上，段文超一边通过电话向领导汇报情况，一边奔向事故地点，启动了突发事件应急响应。

很快，段文超赶到现场，事故比想象的更加严重。

现场浓烟密布，有害气体遍布，段文超等配合抢修人员只能在警戒线以外时刻观察火情，并配合用户电工给出专业性的指导意见，预防事故进一步恶化。

经过两天两夜的努力排查，终于找到故障点。原来，中芯国际内部产权的变电站 GIS 设备出现本体故障，造成了停电。中芯国际电气人员技术有限，突然发生这么大的故障，一时束手无策。

中芯国际是世界领先的集成电路晶圆代工企业之一，也是国内规模最大、技术最先进的集成电路晶圆代工企业。

“现在，车间里正在生产的可是好几个亿的芯片啊，一次闪动，就造成百万美元的损失，如果短期内不能恢复用电，损失无法估量！”眼看着事故一时难以解决，中芯国际负责人难掩焦虑。

“您放心，保障客户安全可靠用电是我们的责任，我们全力提供人力、物力和技术支持！”听到报告后，第一时间赶来的刘念当场表态。

段文超临危受命，主动帮助客户进行故障现场检查，分析事故原因，制定抢修方案。作为抢修负责人，段文超感到肩上的担子格外重大。他连夜带着大家一起全面排查相关站线的运行情况，立即制定具体抢修方案，有序组织人员、工具和抢修物资，连续数周吃住在现场。

在北京电力公司协调下，更多兄弟单位抢修力量赶来支援，这让段文超信心倍增。顾不上深夜的劳累，他和上百人的专业队伍一起冲在最前线，迅速投入抢修工作。虽然是数九寒冬，但是段文超的工作服被汗水湿透了，在半夜的低温下，汗水很快结冰，冻得人瑟瑟发抖。紧张的排除故障操作，让他顾不上回家拿换洗的衣服，就这样一直捂着冰冷的衣服盯在现场，生怕哪一个环节出了问题，影响整体抢修工作。

他主动让别的同事轮流换班休息，自己却连续战斗。那两天，GIS 室、主控室来回跑，他已经记不清跑了多少趟了。后来，几个参加微信运动排名的好友问他："你这两天老是两万多步上头条，上哪儿旅游去了？"段文超诙谐地说，"每天都是区间折返赛"。

第三天凌晨，中芯国际终于恢复内部供电，此时，在现场连续干了近 40 个小时的段文超，连公司送来的饺子还没吃完，就再也扛不住一身的疲惫，端着碗，靠在抢修车上睡着了……

"高效应变技术高，严谨论证责任强！"每当段文超在办公室里看到这面由中芯国际赠送的锦旗，那几天的忙碌、疲惫和成功帮助企业恢复用电的成就感，便在心中升起。

"'电管家'的名号，可不能浪得虚名。"段文超笑着说。

2018 年 7 月 9 日，随着 10 千伏双环网馈线自动化设备投入运行，亦庄供电公司在北京率先实现配网故障自愈全投入，为区域内供电可靠性再提升提供了坚强支撑。

37 年的坚守

⊙ 国网北京海淀供电公司

在海淀供电公司，有一位工龄 37 年的职工，他叫张树楷，同事们都亲切地喊他“老张”。老张今年将离开他工作了一辈子的用电检查岗位，从上班第一年开始到现在，他上了 37 年班，也保了 37 年电。保电的故事，老张肚子里可藏了不少。

【消防员老张】

每年6月，高考在即，有关高考的一切，是牵动着万千家庭的头等大事。考场保电，对电力部门来说，是不折不扣的“电力高考”。

作为用电检查员，老张自然也爱凑热闹，每次高考的前一个多月，只要考点确定下来，他就要挨个考场检查供电线路和开关柜。

到高考当天，他还得在考场外边盯着，有人说，“都检查完了，考上试了就在车上等着吧，总在外边多热啊。”可谁劝也没用，老张回一句：“谁知道考试的时候会不会出点什么事啊。”

不怕一万，就怕万一。即便老张这么盯着，有一年还真出事儿了。

那年，高考前一晚，刮了一宿的大风，一所高中的一路架空进线，出现放电并引燃了导线外皮，在杆子上时不时地打出火花。出事儿时，考场里英语听力考试刚刚开始。如果一旦烧起来发生停电，考场里的学生可就听不见试题了。

老张眼尖，第一个发现问题，立即打电话向指挥部报告情况。等他放下电话，立刻又拿起灭火器，蹿上了房。只要保险一打火，他就用灭火器喷一下。老张心里清楚，喷一下的火候得把握好，得把火喷灭，还得确保不将保险喷断造成停电。平时看似粗犷的老张干起这技术活儿来一点也没含糊。那天，老张始终举着灭火器用喷嘴对着保险伫立在房顶上，这一站，就是两个多小时。

考试结束后，现场的消防员向老张竖起大拇指：“这十几斤的灭火器，您这一举就是两个小时，这臂力，可不比我们消防员小。”

考场外的学生家长们也纷纷向老张表示感谢。伴随着考生走出考场的欢呼声，老张用他已经开始发抖的手，擦了擦满是汗水的脸，消失在了人流中。

从这以后，老张多了个别号——消防员。

【运动员老张】

老张在用电检查的岗位上一干就是37年。要说这37年，可不算短，尤其对电力职工来说，对确保政治供电保障“万无一失”这一目标来说，时间概念无形中被拉长了很多。

在2017年的党的十九大供电保障工作中，即将退休的老张再一次冲在了最前面。为了实现“四个零”的保电目标，老张带领着他的团队走遍了海淀的每一位重要客户，仔细反复地核对客户用电设备的每一条线路开关。他说：“距离召开党的十九大会议的日子越来越近了，如果不能摸清客户用电设备的全部情况，就无法做出最有效的安全用电评估，我们的心就始终不踏实。”

在对一家重要客户进行摸排时，老张为了搞清楚客户每条高低压出线开关所带的负荷，他每天要徒步梳理客户的配电室和用电场所很多次，在保障前的三个月里，老张每天要走将近20公里的距离，相当于一个半程马拉松。同事们看着老张微信运动里的步数，又给他起了个新称呼——运动员。

【会计员老张】

老张还有一个外号——“会计员”，这源于老张心里的一本账。

党的十九大是老张从事电力工作 30 多年来，遇到的标准最高的一次供电保障任务。老张所在的海淀区，又是党的十九大众多会场和代表驻地所在，保障任务“万无一失”的要求前，又加了“绝对”二字。为了达到“五最四零”的保障目标，海淀公司在半年前就开始着手准备。

王玮比老张年轻一些，也是一名用电检查员。这天，他和老张共同来到辖区内承担党的十九大会议任务最多的一家重要用户内部进行用电安全评估。

在客户最大的会议室里，只见老张一会儿仰着头一会儿又走到会场的各个角落，总能熟练地找到藏在缝隙里的一个个开关，看上去，好像口中还在嘀咕着什么。

一会儿，客户的电工走了过来，老张说：“咱们右边第三间隔里的 176 个灯有双接线，比较有保障，第五间隔的 230 个电源需要在会议前重点关注，最好多试验几次。过两天，我们带着状态检测的设备来，再给您这儿做一个全面的体检。会议前，一定要保证这间会议室里的 1567 个灯泡百分之百‘健康’。”

王玮一听，心里不禁暗自佩服：好家伙，我说老张这半天仰着头盘算什么呢，敢情在这儿数灯泡呢！

客户电工接着说道：“老张可不是简单的数灯泡，这会议室所有的灯泡、音响等会议设备，哪个开关带的哪一盏灯，走的哪一条线，他比我们还熟呢，每次来都跟查账似的，生怕少点什么。这么多年，有老张这么个‘会计员’帮我们管着，在电的问题上，放心！”

“会计员”老张的名号，就这么传开了。

事实上，老张心里的确有一本账，账本上清清楚楚地记录了这家重要客户全部高低压设备的主开关及分支线路开关近200多个接线图。党的十九大会议召开前夕，老张为这家客户写出了18000多字的安全用电评估报告。

有人问他，“有这个必要吗？”

老张说：“客户的全部用电设备情况，我们都必须心中有数，记着账，咱才能万无一失！”

这，仅仅是海淀区全部重要客户之一，在老张心里，这样的账本，还多着呢。

老张，用他37年的职业生涯默默诠释了一名首都电力人的履责坚守、奉献担当。

远方的家

⊙ 国网北京通州供电公司

“我在北京有过一个家，不到十平方米，但家里要啥有啥！”

“北京的家里，还有一个大哥，把我们照顾得很好。”

说这话的人叫弓鹏，地道的河南小伙子。

2017 年 10 月，弓鹏和另外 250 名国网河南省电力公司的同事一起来到北京，和国网北京通州供电公司的电力伙伴们一道，参与到党的十九大保电工作中。

弓鹏口中的大哥，就是土生土长的北京人王金禄，也是弓鹏和同事们到北京一下火车看见的第一个人。

“他来接我们，50 岁出头的老哥，身子硬朗结实，浓眉大眼，还有一头飘逸的长发。

嚯！整个一个艺术家啊！”一年后，弓鹏再回忆那天的情景，依然难掩兴奋。

王金禄是通州供电公司综合服务中心主任，负责保电工作的后勤服务。

弓鹏一行 251 人，按照工作制度，要和通州供电公司的同事一起，分组巡塔，日夜保电。

“我们两三个人一组，日夜轮班在输电塔下巡查维护。如果发现任何安全隐患，都第一时间上报、处置。分秒必争保安全。”弓鹏说。

两三个人白天黑夜地倒班，歇班的回酒店吃饭睡觉，值班的人只能在输电塔下的帐篷里休息。

在接到弓鹏他们之前，王金禄已经带领自己的后勤保障团队把分配给通州供电公司的这 116 基输电塔研究了一个遍。甚至还扛着铁锹直接到塔下平整场地，搭建帐篷，清理小路，给河南兄弟们打前站。

输电塔都在野外，他们遇见过拦路的野狗，也在夜里穿越过阴森的墓地。王金禄调侃说：“好几个老爷们儿，有啥好怕的。大伙儿扛着铁锹唱着歌，鬼见了我们才怕呢。”

弓鹏第一次走进已经搭建好的帐篷时，眼前的一切让他惊呆了：从防潮垫、睡袋到湿纸巾，从手电筒到防蚊花露水，从饼干到方便面……大大小小几十样东西，干净整洁、摆放有序。

其实，早在弓鹏他们来北京前一个月，王金禄就几十个电话打到河南，详细地和河南公司的领导了解了几十项细节——都是多大岁数的职工？有什么特殊需求？爱吃什么？想用什么？

河南同事进入帐篷的第二天，北京天降大雨，考虑到大家的身体，领导要求全部户外值班人员撤回酒店待命。那天，接他们的大巴车门一开，弓鹏更是从头暖到脚。老大哥王金禄从车门探出头来招呼着：“赶紧都上车，车里有姜丝可乐，先暖暖身子。”

把小伙子们都送回酒店，王金禄却换了个皮卡车，又带着后勤工作人员往外走。眼看着雨越来越大，河南弟兄们不放心，纷纷问王金禄下着大雨还要去哪儿。王金禄说：“得赶紧去输电塔下把帐篷都拆回来，在野外这一宿大雨，万一帐篷淋坏了，难不成让兄弟们露天睡？”

于是，20 辆皮卡车，兵分几路，王金禄身先士卒，折腾到夜里十点多，总算将 114 顶帐篷悉数收回。

大雨一下就是两天，每天的巡视也不用全天候守在塔下了，但王金禄又忙着组织后勤，把拆下来的 100 多顶帐篷一一洗干净。

待到雨过天晴，王金禄二话没说又带着人把这些帐篷一个个装回原来的位置。待弓鹏他们值守使用时，一切一如他们第一次来时。

这一装、一拆、又一装，河南同事们立刻被王金禄“吸了粉”。

河南的小伙子们在北京的酒店和帐篷里住了 23 天，可家就在通州的王金禄却在库房、酒店、办公室里住了一个多月。

弓鹏每天在酒店吃早饭，第一个看见的人准是王金禄。他不是在巡查后厨，就是在问大家吃得好不好，住得舒适不舒适，还有什么要求，连小伙子扣子掉了，也是王金禄亲手给缝好。

王金禄把每个河南兄弟都照顾得很好，唯独没在照顾自己的生活上操一点心，衣食住行一切从简。

库房的防潮垫、办公室的椅子都是他临时的床，实在累得不行了，就窝在这些地方眯上一会儿。

王金禄每天走 3 万多步、接打 200 多个电话，嗓子全哑了，面对面说话都不得不挂着个麦克风给自己扩音。

实在没有换洗的衣服，王金禄就打通爱人的电话，告诉她手上的活计安排不开，劳烦贤内助“送货上门”。

2017 年 10 月 26 日，党的十九大供电保障任务圆满完成，王金禄在这二十几天里结识的 251 个河南兄弟也该踏上返乡的归途。

临上车前，弓鹏特地找到王金禄，表达自己心里的感动和感谢。王金禄拍拍这

个小兄弟的肩膀说："说这就见外了，你们是来帮北京完成保电任务的，自家兄弟，客气啥。"

送走了河南支援人员，王金禄的工作又归于正常，虽然没有党的十九大供电保障期间那么忙碌，却也充实。转眼来到年关，王金禄收到一包寄来的大枣，落款是——你的河南兄弟。

第二章

先行

伟大时代开启伟大征程，伟大事业成就伟大梦想。

京津冀协同发展战略为首都描绘了新蓝图，北京也进入了高质量发展的新时代。

从东部北京城市副中心，到西部首钢新园区，从南部首都新机场，到北部冬奥会，这些重大工程极大促进了北京迈向国际一流和谐宜居之都的进程。

城市发展，电力先行，这些重大工程配套的电力建设，连同核心区架空线入地工程，成为首都电力建设的新时代交响。她的每个音符，都是电力职工奋勇当先的缩影，她的每个乐章，都是北京电力拼搏奉献的倾情礼赞。

双花瓣，新标杆

⊙ 国网北京通州供电公司

千年京杭大运河的漕运终点，在新时代迎来了重新灿烂的历史机遇。

调整北京空间格局、治理大城市病、拓展发展新空间——北京城市副中心的全新定位，为京东重镇通州描绘出恢宏的未来。

习近平总书记指出 :“站在当前这个时间节点建设北京城市副中心，要有 21 世纪的眼光。规划、建设、管理都要坚持高起点、高标准、高水平，落实世界眼光、国际标准、中国特色、高点定位的要求。”

城市发展，电力先行。一个“先”字，意味着高起点规划，意味着高标准建设，更意味着“敢为天下先”的干劲和勇气。

建设世界一流坚强智能电网，打造国际一流智能电网示范区，前所未有的重任就这样摆在国网北京电力和通州供电公司的面前。

【速度——挑战极限】

时速高达 350 千米的“复兴号”列车，是高铁建设“中国速度”的象征。

每一次看见高铁飞驰的场景，通州供电公司建设部蒋晨总会想起城市副中心的配套电网，想起 2016 年 1 月那个寒冷的夜晚。

北京电力召集的会议开了整整一天，蒋晨跟着主任李益民一道参加会议，听得心里七上八下的。

任务棘手——通州潞城镇进行 500 千伏顺通线等 6 回高压线临时迁改，53 座基塔，20.5 公里线路，86 天工期。

返回通州的路上，夜幕笼罩。蒋晨不停地嘀咕：“太难了，这个活儿能完成吗？”

李益民是通州供电公司身经百战的基建活化石，笑着给蒋晨鼓劲：“小伙子，电力基建讲究的就是逢山开路，遇水架桥，务期必成。你赶上这样一个新时代的大工程，就悄悄高兴吧。”

腊月廿七，国网北京市电力公司董事长李同智来到了施工现场，给工地的建设者们送上热腾腾的姜汤，他动情地说：“北京电力肩负着服务首都、服务党中央的神圣使命，为了城市副中心的建设，你们放弃春节与家人团聚的机会，大家辛苦了！我给大家拜年了！”

“保证完成任务！”现场的建设者齐声高喊，力透云霄。

2016 年 4 月 10 日，北京城市副中心输电线路迁改工程完工，成功带电运行。

由此开始，行政办公区建设全速推进，首批三个配套 110 千伏变电站相继开工。蒋晨临阵受命，担任工期最短的市府西变电站工程的项目经理。

市府西变电站是蒋晨第一次独立负责工程，紧张的工期却根本没有给他适应的时间，带来的都是又“难”又“急”的棘手任务。

施工质量必须保证，施工速度必须加快，看上去矛盾的两个要求必须同时满足。蒋晨只好把工程组织流程翻了再翻，反复设计，常规流程由串行改为并行、有些工序通过加班提速，看似不可能的建设工期果真压缩了下来。

站外电源沟道的支架安装，这是土建安装的最后一道工序。电缆支架如期到货，样品送检通过，现场立刻开始安装。两天以后，验收专家就来到现场。

没想到，验收专家从电源沟道里走出来的时候，面色凝重：“部分支架工艺质量不能满足副中心的高要求。”

蒋晨觉得脑袋一下子就炸了：“整改需要时间，再验收也需要时间，15 天后就要发电，一刻也不能耽误！”

没有任何犹豫，蒋晨立刻联系物资公司，请求协调远在秦皇岛的支架厂家连夜整改。当天 17 时，他已经跟厂家敲定了整改进度，新的支架连夜运向通州。

凌晨两点，明晃晃的车灯离工地越来越近。蒋晨一直悬着的心才落了下来。

第二天早上，验收专家看到了蒋晨发来的整改情况照片，同意尽快再次验收。按照蒋晨的安排，负责放缆的工程队伍在工地外面等候，时刻准备开始下一道工序。

“整改效果理想，验收合格！”验收专家刚刚离开，放缆施工立即开始。

经过 163 天的紧张建设，市府西变电站投产送电，比计划整整提前两个月，成为行政办公区首个竣工投产的市政配套项目。

智能巡检机器人
2

【质量——追求完美】

和蒋晨一样，毕业于清华大学的孟晨旭在城市副中心的充电设施建设中，也找到了自己的舞台。

“自强不息，厚德载物”，孟晨旭一直记得这句清华校训，庆幸自己选择了通州，选择了城市副中心。

研究生的毕业课题是新能源与智能电网，这让孟晨旭一度底气十足。然而，真正投入行政办公区充电设施建设工程中，坎坷与挫折却接踵而至。

看似简单的充电桩管线排布，到了城市副中心就成了难题。如果地面明敷管线，肯定影响整体美观。但是，真要开槽埋管，肯定费时耗力。

数九寒天，孟晨旭带着设计团队走遍了 11 栋办公楼 22 万平方米的地下车库。地下室里阴冷潮湿，透着浓浓的水泥味儿。现场考察研讨的时候，他看到身边的人都在浑身发抖，自己的手也开始不听使唤，直线画得弯弯曲曲，人跟冻透了一样。

令人振奋的是，“充电桩管线预留预埋与大楼土建同步施工”的技术方案，被业主单位和建筑设计院一次审核通过。

施工开始，孟晨旭才知道更严峻的挑战来了。

地下停车场没有照明设备，漆黑的地下室伸手不见五指，只能采用自备手提灯进行基本照明。

与其他单位交叉作业，施工进度沟通困难，没有办法动用车辆运送物资，只能两三人一组把物资扛进去。

但是，无论施工条件多么艰苦，建设标准却丝毫没有降低。

为了减少占地，直流充电桩采用分体式设计，后端整流机做到了业内功率密度之最，前端机缩小为常规直流桩的 1/6。

为了让用户有更好的充电体验，交流充电桩首次设计了自动收线功能。

外圆内方、蓝白配色的外形设计，体现了中国传统文化底蕴，寓意着新能源将给通州带来更多的蓝天和白云。

追求完美，终有回报。行政办公区的 1615 台新型充电桩，领先办公区大楼整体进度建设完成，质量无可挑剔，成为办公区停车场美丽的点缀。

这一刻，孟晨旭笑了。这个创新方案——充电桩管线预埋在地下，不光有了美观的效果，更节省了将近 1200 万元破复地面的建设费用。

【创新——聚焦一流】

“北京城市副中心行政办公区是个完全新建的区域，配网建设运维水平一定要能比肩世界一流，建设国际领先、国内一流的高端智能配网。”

通州供电公司总经理赖祥生连续说出的两个“一流”，让刚刚上任的副总经理尚博感到压力重重，行政办公区高端智能配网建设的攻坚战并不容易。

城市发展，电力先行。智能配网正在全国推开，通州电网又在智能面前加上了“高端”，这就是“质”的飞跃。

尚博找来几位和自己一样醉心于配网技术的业务骨干，议题只有一个，“高端”的“高”怎么才能做到？高可靠性供电、高质量设备、高科技融入、高水平运维管理，是不是都做到了才称得上“一流”？

临近午夜，会议室里的讨论依然热烈。

查阅过大量文献的配网专家程序说：“目前，世界上可靠性最高的配网网架应该是新加坡城的单环网合环运行，年停电时间不超过 30 秒。”

安全总监马文营接过话茬：“我觉得还是得再创新，不能局限于这个网架。”

“巴黎采用的是双环网的网架，要是结合一下呢？”

“结合起来，保护那边不太好办。怎么自投，怎么设定，都是实际问题。”

……

听着你一言我一语的观点碰撞，一个坚定的念头逐渐在尚博头脑中形成：“创新，一定要创新！敢于冲击现有的技术瓶颈，目标就是世界一流！”

尚博离开的时候，发现时钟指向了凌晨 1 时，备机房的门还半敞着，一张简易折叠床支在角落。原来，为了研究“一体双核”配电自动化系统，自动化管理专工钱叶牛在这里已经住了20多天。看到这一幕，尚博信心倍增，有了更多技术创新的勇气。

在反复研究对比多种接线方式的基础上，通过模拟实验和精确计算，尚博带领的高端智能配网建设团队有了一个大胆而自信的创新方案。

运用世界上最先进的“双花瓣”配电网架结构，供电可靠率高达99.9999%，年均停电时间不超过21秒，全面赶超新加坡、巴黎等世界大都市的最高水平。

从巡检机器人到消防机器人，从自主研发的综合管廊载人巡检小车到世界首套“一体双核”配电自动化系统，高端智能配网集成了十多项国际顶尖电网技术，真正做到了“国际领先”和“世界一流”。

作为这次电网攻坚的指挥官，尚博名声大振。年逾九旬的第一代通州供电人刘智拉住他的手：“退休这么多年，我每天都关注着通州电网的消息。看到电视里报道北京城市副中心建成了我国最先进配电网，打心眼儿里为你们自豪。”

2018年5月，北京城市副中心行政办公区迎来璀璨的“电力时间”。3个110千伏变电站、8个开关站、23个配电室全部竣工投产，高端智能配网“双花瓣”合环运行，办公区内高压线路全部迁改入综合管廊。

从行政办公区第一项工程破土开工开始，到配套电力设施全面提前完工，实际工期一共是859天。

859个日子，充满着速度的奇迹。

859个日子，充满着质量的奇迹。

859个日子，充满着创新的奇迹。

一条电力先行绿色清洁的光明之路，正在城市副中心延伸。未来的古都运城河畔，伴随着城市副中心发展的希望和梦想，稳定可靠的电能高端美丽的“双花瓣”将吸引全世界的目光。

把电送到“冬奥”去

⊙ 国网北京石景山供电公司

初春的北京，首钢厂区乍暖还寒。

刚刚被任命为北京电力驻首钢冬奥工作办公室主任的张琳，望着远处的炼钢三号炉，再看看眼前初见雏形的北京冬奥组委会办公楼群，心境复杂。解决首钢冬奥园区供电方案问题的任务，像一块巨石压在他的肩上。

三个月过去了，张琳的工作依然推进艰难。

妻子实在看不下去了，无奈地劝说日夜奔波的丈夫：“以后太晚就住单位吧，家里有我。”

张琳沉默着走上阳台，思绪飘逸在城市的万家灯火。他没有想到的是，原本以为皆大欢喜的合作并不那么顺畅。

作为百年国企，首钢有着自己的电力供应系统。2010 年，整个首钢生产搬离北京，原来的供电设施变成只为首钢办公区和居民区服务。冬奥项目落户首钢，供电设备、技术和管理都不得不面对严峻的挑战。

要想解决好首钢冬奥园区的供电方案问题，北京电力离不开首钢的合作。尽管双方的技术与管理都称得上足够专业，但不同的企业文化终归需要磨合，谈判异常艰苦。

冬奥组委会入驻的时限，冬奥场馆建设的工期，就像两座山压在张琳心头。

又是忙碌的一天，跟首钢工作人员沟通方案，解释新标准和新技术，接听同事催促工期的电话……沟通和理解的障碍迟迟难以逾越，这是张琳最大的困扰。

已经晚上 8 点多了，张琳感到阵阵饥饿，这才想起中午饭都没有顾上吃。他来到一家拉面馆："老规矩，一大碗清汤牛肉面，十个肉串，多放辣子，赶紧上，我赶时间。"

趁着饭菜没有上齐，张琳从书包里拽出那本介绍首都电力发展史的《蓦然回首，灯火阑珊处》。闲翻几页，竟然仿佛被带回到上百年前的动荡岁月。

北京电力的前身京师华商电灯公司于 1904 年成立，时任掌门人冯恕创建了石景山电厂，为一山之隔的首钢供电……读到这里，张琳恍然大悟。"混乱年代，电力与首钢公司都能够并行共进，今天更应当相扶相携！"

今天的拉面，似乎比哪一天的味道都美妙。一口下去，他脸上出现多日不见的笑容。

办公室里，张琳关紧房门，仔细梳理首钢方面在谈判中反复提出的问题——

"为什么你们这个电网建设的要求如此高？"

"在我们这里论证多次的方案，怎么一到你们那儿就通不过了？"

“分界室的门为什么不能是玻璃幕墙？各类保护和控制设备为什么如此之多？”

……

张琳发现，对于标准化保电要求和流程，他和同事的回复一直都是口头表达，无法让首钢的技术人员有切身感受，自然也就容易把高标准看成有意刁难。

问题找到了，解决的思路豁然开朗。张琳决定双管齐下，一边组织对方人员参观电力设施，一边实操进行一次“联合演习”，向首钢的领导层和技术人员现场介绍电网建设和运行的严格要求，让大家的下一步谈判能有更多的共识。

公司迅速批准了张琳的方案，参观活动首先进行。首钢的工作人员分成多个批次，参观首都电力的智能开闭站、配电室、调度大厅和配网监控系统，现场随时解答他们的疑惑。

效果立竿见影，比张琳想象的还要大。在这之后，双方交流一旦出现阻滞，张琳只要说这就是我们参观时看到的那个设备，对方的反应立刻就会积极起来。

接下来的“联合演习”,更让谈判对手从内心接纳了张琳提出的各种“高标准”。

“联合演习”的内容和冬奥直接相关，谈判双方的人员严格按照正规的操作流程，对冬奥区域的供电设备进行全面“体检”。他们向调度进行要令，现场核对工作内容，填写工作票和操作票，一起在模拟板上进行模拟操作。

演习的全流程操作完成了，共同的演习目标让曾经相互不满的谈判人员成了“好兄弟”，一起琢磨技术难题，一起讨论测试技术点，理解与合作的氛围逐渐形成。

2017 年 9 月 16 日，冬奥开闭站 4 号母线开关正式合闸，首都电力正式向位于首钢园区内的冬奥组委会提供供电服务。

终于等到了这一天，张琳忽然觉得自己的疲惫一扫而光。

一年的时间过去了，张琳的专业素养和服务意识赢得了肯定。

首钢领导给张琳送了这样一面锦旗——“保障冬奥站位高，心系客户服务好”。

张琳觉得自己受之有愧。“和 20 世纪 20 年代首都电力先驱者的坚持与执着相比，我只是做了一点自己能做的事情。”

“新国门”铁娘子

⊙ 国网北京大兴供电公司

“不行！就是不行！”

赵晶晶这一嗓子吼出来，现场的施工人员顿时愣在了那里——几个月前还是和发票、报表打交道的“账本姑娘”，怎么一下子变得霸气十足？

赵晶晶没有在意这些，火气依然像北京8月的骄阳一样旺：“张华站是北京新机场配套建设的第一个变电站，不能有任何瑕疵！拿不出外墙材料问题的解决方案，谁也别走！”

毕竟，新机场是首都的国门，供电保障必须万无一失，容不得半点含糊。

赵晶晶的气势，着实配得上“电力铁娘子”的绰号。难怪业主方说，“有她在，电的问题，我们放心”。

【从“账本姑娘”到“建设黑妞”】

没有新机场，赵晶晶会不会还是那个“账本姑娘”，连她自己也说不清楚。

但是，因为有了新机场，赵晶晶知道自己的安逸日子结束了。

新机场电力建设任务繁重紧迫，一纸调令下来，财务出身的赵晶晶被从大兴供电公司调到了建设部，开始直接与“电”打起交道。

建设部几乎都是小伙子，长年在外作业，个个都晒得跟包公一样。这样的岗位，女同志自然凤毛麟角，所以没人相信赵晶晶能够坚持下去。有人甚至打赌说：“拉到工地上晒一下午，她保准扭头就跑，再也不去了！”

迎着质疑的眼神，赵晶晶上岗了。她清楚地知道，新机场的电力供应决定了整个工程建设的成败。就连 6 岁的女儿都说：“妈妈建新机场呢，我们以后就去那里坐大飞机喽！”

进入“机场模式”，110 千伏张华变电站的建设工作摆在赵晶晶的面前，一个接一个的新理念和新标准，让她心里有些犯怵。

这个时候，马拉松爱好者不服输的那股劲儿上来了。“新机场是首都未来的新名片，规划定位和功能要求都向国际标准看齐，总要有人第一个去‘吃螃蟹’。”赵晶晶说。

“说是第一个‘吃螃蟹’，一点也不夸张！”建设部的同事高元峰说，“张华变电站是北京地区第一个采用装配式钢结构建造的变电站，从拼装设计、降噪防污到智能管控，问题一个接一个。好几次大家都绝望了，愣是让赵晶晶找到了解决办法。”

2017 年 8 月，张华变电站主体结构即将完工，投运指日可待。没想到，由于天气太干燥和昼夜温差过大，在上海等地广泛应用的铝镁锰合金钢板外墙，到了北京竟然“水土不服”，平整的墙面鼓起“啤酒肚”。

“这可不行，这是质量问题，必须让厂家到现场来解决！”在赵晶晶心里，北京新机场的配套建设项目容不得半点含糊，没有“可能”和“也许”，必须是“零问题”和“零隐患”。

“姑娘，你不要这么较真儿。温差小了，‘啤酒肚’自然就会下去的。”厂家技术人员在电话里反复解释，认为这不过是材料的适应性问题。

赵晶晶不为所动。把厂家的技术人员、项目经理和管理层挨个找了一遍：“张华变电站是给北京新机场供电的，绝对不能有任何技术问题。既然‘水土不服’，那就说明新材料还有改进的空间，为什么不能彻底解决呢？”

厂家被赵晶晶说服了，研发人员来到现场查找问题。最终，他们针对北京干燥和昼夜温差较大的特点，定制改良了板材生产工艺，解决了外墙“啤酒肚”的问题。

10 个月摸爬滚打，张华变电站从无到有，提前投运。赵晶晶晒黑了一张脸，赢得的是同伴们的信赖。“晶晶姐”的称呼，就是大家对她最亲切的褒奖。

好不容易回了一次家，女儿的第一句话是：“妈妈，你怎么跟那些叔叔一样黑了呢？”

赵晶晶望着女儿，脸上流露出自信的笑容。

从这一天起，她把自己的微信昵称改成了“建设黑妞”。

【从“建设黑妞”到“建设铁娘子”】

张华变电站顺利投运后，赵晶晶在新机场电力建设指挥部名声大振，人人都知道这个女强人确实有两把刷子。

不过，刚刚建成一座变电站的赵晶晶没有想到，她的下一个任务居然是拆除一座变电站。“为保证新机场的跑道建设进度，一个月内必须拆除南各庄变电站！”

南各庄变电站于 33 年前建成，为榆垡地区提供电力，还承担了新机场建设初期的临时电源保障。然而，由于它的位置正好处在新机场规划建设的西二跑道，注定要提前拆除。

赵晶晶迅速在心中通盘谋划——南各庄变电站不能一拆了之，既要考虑机场建设及周边村庄的用电需求，也要考虑既有负荷的迁倒问题，还要解决站内电气设备的拆卸和再利用问题。

这是一个环环相扣的系统工程，一旦哪个环节没考虑到，就会产生连锁反应。全新的挑战让赵晶晶兴奋起来，她的个性从来就是不服输，要干就要干出个样子。

整个拆除过程中，最难的还是大型车辆机械的进场和出场的道路问题。

新机场的建设单位众多，工期都很紧张，场内道路几乎每天都在变化，有的地方今天还是路，明天可能就变成了坑。由于拆除的设备包括精密仪器，对运输道路的坡度、平坦度要求很高，需要预先谋划制定好行车路线。

赵晶晶早就选出了一条最平坦的道路，提前叮嘱司机做好路线对接，确保电气设备平稳运出机场。没想到，第二天一大早，南各庄变电站竟然成了一座孤岛，原本连接变电站的道路上出现好几个大土堆，连车都开不进去，更别说运输电气设备了。

看到这个状况，赵晶晶二话没说，挽起裤腿就往土堆上爬。同事姚琛一把拉住她："晶晶姐，你这是要干嘛去啊？"赵晶晶头也不回地说："找路，设备今天必须得运出去！"

站在土堆上四顾张望，赵晶晶跟姚琛比画起来："搬走远处那堆废石，肯定能让车开进来。就这样吧，我带着工人们现在就行动啊！"

在赵晶晶的指挥下，工人们硬是在废石旁开出了一条路。司机师傅远远冲着赵晶晶竖起了大拇指："逢山开路，遇水架桥，今天我算是见识了，这'铁娘子'不是白叫的，厉害！"

赵晶晶拍了拍满手的泥，露出了欣慰的笑容。就在"探路"的时候，女儿在家一连打来两个电话。第一次，女儿在电话里说想妈妈了，希望妈妈早点回家陪她画画。赵晶晶告诉孩子："宝贝，等机场建好了，妈妈带你来画大飞机好不好？"

女儿第二次打来电话的时候，赵晶晶正在指挥着运输车辆平稳开过土堆。此刻，她的心思都牵挂着设备的安全通行，不能因为搬运工作影响了整个厂房的拆除工期。

2018 年 5 月 20 日，随着主厂房被推为平地，南各庄变电站的拆除工作顺利完工。站在废弃的瓦砾旁，望着远处加快建设的新机场东、西两个变电站，赵晶晶由衷地笑了。

此时，建设部的其他同志仍在为新机场东、西两个变电站建设奋战，为新机场移动式智能变电站投运奔波。他们汇集无数个小我之力，为北京新机场构建起了强大可靠的电力保障，共同守望着 2019 年的新机场首航！

“藏”进海坨山

⊙ 国网北京延庆供电公司

土生土长的延庆人沈洋，大学毕业之后进入北京电力延庆供电公司工作。2016年以前，沈洋和他的同事都满足于自己工作的舒适环境。地方小、人员少，同样是电力部门，全北京一年900亿的售电量，延庆还不到百分之一。空气好、气候佳，在这种地方工作，整个人都是放松的。

但是，2019年4月的中国北京世界园艺博览会和北京冬奥会高山滑雪与雪车雪橇赛事落户延庆举办，这像一剂催化剂，直线加速着沈洋的工作节奏。

【干！】

世园会占地面积960公顷，冬奥会赛场规划用地15平方公里。这个数字在沈洋那儿，可以换算成另一组数字——3个500千伏输变电站前期工作，1个220千伏输变电工程、6个110千伏输变电工程。

“就一个字：干！”面对只有170名员工的延庆供电公司，沈洋撂下狠话，“我要是干不好，把我撤了，换了人也要接着干！”

干的决心有了，但困难却实打实地摆在眼前。

冬奥会赛场就选在海坨山。

出于赛事和环保的要求，赛场供电保障需要建设110千伏的变电站，变电站既不能妨碍赛场的整体景观，更不能干扰到运动员比赛，要保持海坨山的整体风貌，守护好这片绿水青山……

为了给保障赛事的变电站选址，一个月，沈洋爬了20多次海坨山。

海坨山位于延庆与河北怀来的接壤处，由于多年保护，这里林深叶茂，人迹罕至。每次进山，沈洋带着团队，走在密不透风的原始森林里，水汽很快就打透了大家的衣服，眼前也时常被灰蒙蒙的雾气笼罩，脚下的石子滑溜溜的，踩在上面一不留神，人就容易滑到山涧里。更别说，有时候还会遇到毒蛇。

然而，辛辛苦苦爬一次海坨山，沈洋查看的每一个地方，最终都因为种种原因被推翻了。最后，只剩下了一个方案：开山掏洞。

党员突击队
共享办奥

共享办奥
BEIJING 2022
4#

【掏洞！】

掏洞？

方案一出，所有人都惊得目瞪口呆。不仅延庆公司，纵观整个北京电力公司，都没听过开山掏洞建设变电站的先例。

但摆在眼前的现实是，整个海坨山只有一处地势稍缓的平台，赛场只能借助这个平台进行搭建。其他地方全是陡峭的山区，再也找不到一个可以安放大型变电设备的场所了。

从“开山掏洞”这个方案确立开始，为了成功地把变电站“藏”起来，以满足不在冬奥赛场上“穿帮”，沈洋研究起了景观学。

经过与赛场设计方多次沟通，最终决定把一处山头削平，建成赛道起点以及停车、服务等设施场地，在削平的山体里掏洞，变电站就建在山洞里。建成后，观众和运动员无论从哪个角度，都不会意识到变电站的存在。

2018 年夏天，建设正式开工。

为了应对延庆山区冬季施工困难，沈洋和团队甚至帮施工单位做好了各项预案：工人乘车进入施工地点，晚间不能在山区留宿；提高水泥标号，必要时用火烤水泥加温，保证在零下 20 摄氏度能正常施工……

变电站建成后还将面临一个大问题：线路怎么走？

不能架塔，会破坏山区的整体风貌；不能入地，会破坏山区植被。逢山开路，遇水搭桥。最终，沈洋和同事们几经周折、几易其稿，将输电线路分成几段，根据不同的地貌、特征用不同方案解决。甚至在跨度几百米的山涧处建了一座桥，把线路从桥身上铺过去。

【特种兵！】

从草木发芽的初春到骄阳似火的盛夏，从黄叶落尽的深秋到白雪皑皑的寒冬。季节交替轮回，沈洋和同事们脸上的皱纹明显增多了。

每次回头看看，沈洋都感慨于同事们的团结、聚力、拼搏、向上。

北京市电力公司派过来支援的同事景满杰，每天 5 点钟从城区坐上长途公交车，上下班路上就要花近 5 个小时。

同样来支援的李新儒，因为时常跑山区、看场地，上下班没准点儿，一周之内回不了两次家，惹得媳妇一肚子意见。

即使是沈洋自己，也是满心的委屈无处诉说。爱人也在延庆公司，俩人一忙起来全都回不去家，只好把岳母请来照顾上小学三年级的孩子……

延庆公司很多职工说，从入职到现在，从来没有经历过这么大体量、高频次、艰难险重的任务。

虽然工作很忙，但沈洋有一句话总挂在嘴边：世园会、冬奥会都是给咱们延庆造福、添彩的大好事儿。咱们借着这个机会建设好自己的家乡，这是多好的一个大事儿啊！

为了这个信念，延庆公司的全体员工和北京公司前来支援的同事们一起，就这样把自己锻炼成了“特种兵”，拼了！

为了清朗天际线

⊙ 国网北京城区供电公司

几天前，还是密密麻麻的架空线“蜘蛛网”；几天后，视野内只有晴空一片以及或现代、或古典的城市天际线。

2017—2018 年，按照北京市政府的要求和计划，国网北京电力对首都核心区（东、西城区）范围内 137 条道路的架空线路进行入地改造，共计改造线路 134 公里，超过 4000 基电线杆将走入历史，整体工作量达到“十二五”期间全部工作量的 8 倍。

为了尽量减少开槽破路对居民出行的影响，整个施工全部安排在 0 时至 5 时进行。

一场夜间“大会战”，北京电力人悄然打响……

【电线杆走进历史】

走进北京的胡同街巷，一抬头，总能看见各种密密麻麻的电线，像蜘蛛网一样罩在半空。

"'9·3'阅兵时，好些飞机从我们这儿过，就因为这些电线，我没拍到一张好照片！"大栅栏街道樱桃斜街居民张松铭埋怨，"平时想拍一张蓝天白云照都困难。"

如今，还北京一个清朗的天际线，成为国网北京电力人的目标，李宁就是这支队伍中的一员。

作为北京城区供电公司建设部负责人，从 2017 年开始，北京核心区内开始这场架空线入地工程大会战以来，他就没有睡过一个好觉。

每天早上 8 点半，李宁准时到单位，处理日常工作，下午 5 点半，架空线入地日例会结束后，李宁会抓紧时间休息一会儿，晚上 12 点，当万家灯火一盏盏熄灭，整个城市逐渐安睡时，李宁才开始一天最重要的工作，一干就是一个通宵。

为了最大限度降低对交通和市民生活的影响，架空线入地工程主要在夜里施工。高峰时，全北京城里，大约有 2000 名像李宁一样的电力人，同时在紧张施工。然而，凌晨 5 点，东方渐白，赶在城市苏醒前，李宁们一准儿收拾好施工路面，犹如一切都未曾发生。

按说，作为建设部负责人，李宁不需要天天夜里一起熬着。

工期紧、任务重、施工难度大，哪一条都让他不放心。

2017 年 7 月，景山周边作为第一批架空线入地工程全面启动，那时正值酷暑，即便是深夜，气温最高也达 35 摄氏度。李宁戴着安全帽，穿着长袖工作服，在现场一守就是一夜，和工人一起讨论如何提升施工效率。

2017 年 11 月 16 日，北京大幅降温，裕民中路在送电时出现问题，李宁来不及翻出羽绒服，就穿着一件薄棉衣，在凛冽的寒风中连续奋战 49 个小时。

2017 年 12 月，新街口外大街施工时，因为临街某公司对入地工程不理解，与施工人员发生冲突，李宁火线驰援，在 200 余人的对峙中，他又充当起了“谈判官”的角色。

……

在李宁的架空线入地工程推进手册上，满满当当详细记录了每条要入地的线路工程概况、进度计划、手续办理、参建单位等信息，每一项都仔细核实确定。而这，也只是架空入地建设组织管理的冰山一角。白天，团队统筹协调工程进程，晚上开完例会，简单的休整之后，又要奔赴施工一线进行现场的安全、质量、进度管控。从 2017 年 7 月到 2018 年 7 月，这样的生活李宁和他的团队已经持续了 359 天。

【创新施工无处不在】

围绕首都城市战略定位，北京电力以首都核心区、城市副中心2个重点区域为引领，加快打造国际一流城市配电网。

最先进的理念、最高的标准、最好的质量，这是这场国际一流城市配电网改造工程坚持的三个“最”,一切旨在成为“安全可靠、灵活互动、绿色低碳、环境友好”的国际高端智能配电网示范区，让北京这座古都达到国际领先水平。

对李宁来说，三个“最”的高标准目标要实现，他这个具体执行人要考虑的问题，必须更加细致和周全。

架空线入地施工的很多胡同都在文保区内，为了让改造后的电力设备与环境更加和谐，李宁和架空线入地队员展开了创新的“头脑风暴”。

城区公司在西城区和东城区尝试设备入屋及景观一体化改造，将设备放置在沿街的建筑物当中，并对房屋进行专业修复，实现设备隐形化和小型化。对于街边露天安放的设备，结合当地街道文化特色进行外观设计。

大栅栏商业区樱桃斜街胡同电力设施的焕然一新，就是“头脑风暴”效果最好的反映。施工人员把两台箱式变压器做成传统胡同的小门楼样式，和周围的胡同采用一样古色古香的“青砖灰瓦”，保持了周边环境的和谐美观，居民们纷纷竖起大拇指。

创新施工，在架空线入地会战中还有很多。

架空线在地下敷设电缆，离不开挖土，为了避免扬尘，他们试过用水管喷淋，用洒水车喷洒，但作用都不大。多番设备选择，实效验证后，终于发现高压雾炮机的效果不错。在东交民巷施工现场，十多台高压雾炮机一开，高效降尘还省水，施工现场一片清明洁净，凑热闹的居民也连连称赞这设备的新奇。

夜间施工最大的影响就是噪音。然而，在整个385天会战期内，北京电力没有收到一起扰民投诉。

“别看这些电力工人每晚干得热火朝天的，我们晚上却基本听不到什么噪音。第二天早上这儿又恢复原貌，像什么都没发生过一样，真得为这样的施工点赞。”西城区儿童医院门前施工时，一位医院工作人员这样说。

为了避免出现一般工地里“叮当作响”的问题，李宁的团队可动了不少脑筋。

施工时，最容易产生噪声的部分是钢板吊装，李宁的团队果断使用“永磁起重器”吊装技术起吊道路施工用钢板。永磁起重器具有体积小、重量轻、吸持力强、安全系数高等特点，可单手操作，安全方便。提升了架空线入地工程施工作业水平，规范了钢板装卸和铺设行为，解决了传统方式下钢板吊装和铺设过程中噪声大、就位困难等问题，有效防止和杜绝了夜间施工扰民问题。

运输过程，也会产生噪声。在黄寺大街的电线杆拔杆现场，为了降低噪声，施工人员用橡胶衬垫铺设于运输板车上，防止拆除的电杆在吊装上车时相互碰撞产生噪声。

对于施工必须要用到的电力供应，现场采用了静音发电机供电，发电机满负荷工作时最高声音在50分贝以下，降低了对周边百姓生活的干扰。

【不一样的党员突击队】

一流的城市匹配一流的电网。

拆除柱上变压器，拔除电杆，安装箱变、开闭器，敷设电缆，开展施工……随着首都核心区架空线入地工程的推进，城市中如蜘蛛网般横七竖八的架空线路将逐渐从市民的生活中消失。

还首都一个清朗的天际线，北京电力人是这么说的，也是这么做的。

寒来暑往，夜以继日，李宁和他的同事义无反顾、一往无前。在党员突击队中，一张张青春的脸庞，在这样一次大工程洗礼中，越发坚毅成熟。

对魏世岭来说，作为城区公司副总经理、项目建设现场指挥部常务副指挥，紧张、忙碌成了他的日常，一天七八次会议，常常四五天不回家，最多 3 天未合眼。“现在基本上每天睡四五个小时，我们项目经理基本上都这个节奏。”

侯伟是李宁团队里唯一的女项目经理，但她却从没放松过对自己的要求。

2018 年 7 月 11 日，公司启动了大雨应急响应，恰逢侯伟得了重感冒，考虑到现场风险和她的身体状况，架空线入地指挥部未将她列入值班人员名单，但侯伟坚持要加入夜巡队伍。她披起雨衣就赶赴一线，顶着暴雨，逐个检查围挡封堵，基坑倒灌情况，路面钢板敷设……整整一夜，将所辖的 5 条道路检查整改完毕。

团队里这样的故事一个又一个，李宁都记在心里——

家在密云，婚礼结束后直接赴龙潭湖磋商军缆迁移的徐赛宗；孩子重病，每日往返奔波于医院和现场的黄小羽；现场高风险作业坚持盯守，未能见证儿子降生的马博翔；攻坚克难，连续10天不进家门的尉霄；日夜奋战，49小时未合眼的魏帆……

“我们这个队伍的作风很让我感动。但大家都知道，首都的特殊性，何况还是在核心区施工，那就要拿出核心区的担当。”2018年第一批23条道路全部按时投产，第二批34条道路进场开工前，李宁这样对他的团队鼓劲儿。

7月的北京，暴雨不断。望着大雨，李宁心里急，但他知道，身后有这样一支队伍，还未完成的架空线入地工程，一定会按时保质保量推进。

如今，北京城里蜘蛛网似的杂乱无章的架空线路正在一点一点逐渐消失，胡同和路面正在豁亮起来。仿佛无形的纤手拂去城市皱纹，使城市更青春更澄澈更明亮。

预计2018年11月工程结束后，首都核心区电网电缆化率将由目前的90.2%提升至94%，供电可靠率将提升至99.999%，年户均停电时间将低于5分钟，达到国际领先水平。

一碗面的特高压味道

第三章

卫蓝

这是北京的“蓝天清单”……

2015 年，全年空气质量达标天数 186 天；

2016 年，全年空气质量优良天数 198 天；

2017 年，全年空气质量优良天数 226 天。

在首都的绿色发展中，电力加速替代燃油，驱动着都市人出行的车轮；电力正在全面取代燃煤，成为冬季采暖的清洁首选。

“煤改电”“新能源”，这些词简单得一如蓝天清单里的统计数字，而背后却意味着几年里艰巨浩繁的电力改造任务。

这份上扬的“蓝天清单”，是 2000 万北京人逐步提升的幸福感，也是 2 万名北京电力人拼搏奋斗的不竭动力。

蓝天保卫战

⊙ 国网北京市电力公司

秋天的北京天高云淡，碧蓝的天空澄澈如海，朵朵白云似海上白帆。

在北方，这样的景色很难持续到冬天。每逢采暖季开始，祖辈传下来的燃煤取暖方式会让烟煤味弥漫城市和乡村，排放的污染物直接影响到大气环境质量。

如今的北京，正在加快告别“冬天的烦恼”。国网北京电力服务国家“蓝天保卫战”，大力推进“煤改电”工程，成为改变这座大都市空气质量的有效“良方”。

北京电力
登杆证

登杆证

【殷殷期望】

2016 年 12 月 21 日，北京，中央财经领导小组第十四次会议正在举行。

中国北方地区的清洁取暖工作，牵动着党和国家领导人的心。

习近平总书记明确提出，推进北方地区冬季清洁取暖，关系北方地区广大群众能不能温暖过冬，关系雾霾天气能不能减少，是能源生产和消费革命、农村生活方式革命的重要内容。

“宜气则气，宜电则电，尽可能利用清洁能源，加快提高清洁供暖比重。”来自党中央的殷殷期望，让正在推进“煤改电”工程的国网北京电力，感受到这是一份庄严的使命和沉甸甸的责任。

作为一种廉价传统燃料，煤炭一直是中国北方农村家庭用能首选，且以低能效的散烧煤居多。研究显示，散煤 PM2.5 的单位排放强度是电煤的 7 倍以上，北京农村地区的采暖煤耗，竟然占到生活总煤耗的 90%。

这些数据表明，在北方居民采暖领域实施电能替代，全面推进冬季清洁采暖，已经成为能源生产和消费革命、农村生活方式革命的历史趋势。

北京的“煤改电”工程可以追溯到 15 年前。施工多年，首都核心区 31 万户居民分散电采暖改造，基本实现“无煤化”。

2013 年，北京农村“煤改电”试点工作建设启动。历经 3 年，7.45 万户农村居民的散煤供暖成为“过去时”。然而，面对北京大气污染日趋严峻的形态，“煤改电”的进度显然需要加快再加快。

2016 年，京津冀地区大气污染防治工作日益加强，北京“煤改电”工程迅速上升为治理首都大气污染的战略计划，成为打好国家“蓝天保卫战”的重中之重。

国家电网公司董事长、党组书记舒印彪专程来到北京电力公司，听取“煤改电”工作进程和整体推进情况汇报。他高度评价国网北京电力率先对推进北方清洁能源取暖作出的有益探索，要求进一步做好推广应用。

面对各方关注，国网北京市电力公司董事长、党委书记李同智代表两万余名北京电力员工郑重表态：“我们有义务、有责任争先做好示范引领，将北京打造成全国电能替代示范区，为电能替代在全国的推广提供更多的‘北京借鉴’和‘北京方案’！”

【清洁而温暖】

通俗来说，“煤改电”工程的主要工作，是将用户冬季采暖所用的煤炉、锅炉等设备，替换成空气源热泵、蓄能电暖器等电采暖设备。

这样的替换，显然离不开稳定可靠的电力供应。国网北京电力的重任，就是“煤改电”工程的配套电网建设。

2016 年，北京“煤改电”工程全方位展开，改造任务在以往看来不可想象。

在国网北京电力的统一部署下，北京的“煤改电”工程被划分为 16 个重要节点。

就拿第一道难题“确村确户”来说，由于乡镇、街道、社区提供的“煤改电”村户明细时有变化，直接影响工程表计和开关安装等工作。各区供电公司积极配合村和街道相关人员，逐村、逐户勘查走访，精细开展确村确户工作，尽量减少规模调整变化，确保工程顺利推进。

“确村确户”只是煤改电工程早期准备阶段中的一环。到了工程建设期，施工占地等各种复杂情况更是接二连三出现，考验着整体施工协调和进度。

即便电表装好通过拉合开关校验，后面还需要认真进行“竣工验收、资料归档”，完成“工程结算”和“工程决算”等工作，整套程序环环相扣。

简单的“煤改电”三个字，背后却有着极为浩繁的工作量。

上下同欲者胜，同舟共济者赢。从 2016 年到 2017 年，北京电力人交出了一份出色的“煤改电”工程答卷。

两年间,他们累计完成了 65 万余户居民“煤改电”配套电网建设工程，工作量相当于过去 13 年完成总量的 1.7 倍，作业现场最多时达到 2800 个。

两年间，他们累计安装变压器 6000 余台，新架及改造配电线路 4.3 万公里，总长度相当于绕地球一圈儿，新立电杆 19.8 万基，可以堆满 57 个足球场，工程规模前所未有。

2016 年“煤改电”第一年采暖季开始的时候，北京通州区潞城镇崔家楼村煤改电示范区里，张万东和父母穿着单衣坐在沙发上，对面立着新安装的白色散热器。整个村子里的 260 户居民，第一次用上了电暖气。

随着“煤改电”工程的推进，电价补贴政策扩大到农村。怀柔区杨宋镇西树行村村民陈建华说：“一个采暖季下来，估计八九百元就够了，和烧煤差不多。”

“煤改电”的社会效益正在日益显现。

在北京市民张连弼的感受中，这两年，北京的蓝天明显增多了。

一组统计数据，印证了张连弼的感受：2017 年和 2018 年的采暖季，北京地区“煤改电”用户已突破 110 万户，每个采暖季可减少散煤燃烧 415 万吨，减排二氧化碳 1079 万吨、二氧化硫 9.96 万吨、氮氧化合物 2.9 万吨。

与此同时，今天的电网更坚强。

46 项“煤改电”配套输变电工程陆续竣工投产，新增变电容量 679 万千伏安、输电线路长度 660 公里，新增、改造配电线路 6.5 万公里，配电网事故率较前一年下降 73.65%，供电可靠率达到 99.98%，北京电网供电能力实现跨越式提升。

空气更清新、百姓更受益、技术更先进、服务更高效……“煤改电”工程带来的更深层次变化，正在北京这座国际大都市渐次显现出来。

【为了“北京蓝”】

如果说治理大气污染是一场“蓝天保卫战”，国网北京电力就是冲锋在前的勇士。

军功章里，电力职工的心血和贡献熠熠生辉。

这是2017年的一天。新年的钟声刚刚敲过，范亚南自从参与“煤改电”工程，就没有了属于自己的时间。

清晨，这位大兴区输配电工区主任从家里出发，搭乘地铁贯穿北京城，从海淀赶到大兴。每周至少有3个晚上，范亚南因加班而赶不上最后一班地铁，只好睡在办公室的沙发上。

冬天昼短夜长，早会结束的时候，太阳刚刚升起。范亚南带上安检、运行的五位同事，开始巡查大兴区域内22支施工队伍的工地。

埋杆多深？有无记录？绝缘处理如何？会不会放电？这是带着问题的巡查，符合标准的核发蓝色标识，不符合标准的出示黄牌警示，严重违规的直接亮出红牌。

范亚南铁面无情，先后“开”了三支施工队：“走吧，这样的队伍完成不了‘煤改电’任务。”三刀下来，所有施工队不再有任何侥幸和懈怠。

2017年春节前，远在江南的母亲打来电话：“亚南，你已经6年没有回家过年。你爸爸不在了，今年春节回来陪我过个年吧。”

“妈……我……我……”范亚南支吾着，眼里噙满了泪水……

大年三十，范亚南带领整个工区147位员工，全部上岗待命，应急电源车随时准备应对突发情况，确保“煤改电”居民供暖万无一失。

烟花绽放最绚烂的那一刻，范亚南久久地望着天空，他身边是平安祥和的万家灯火。

这是2018年的一天。落霞时分，周口店供电所的刘兴义巡线走过琉璃河。没有了炊烟，蓝天白云下的村庄比过去更美。

“煤改电”工程进入决战阶段的日子里，刘兴义驾着深黄色的工程车，回到自己的老家周口店村，挨家挨户宣传煤改电的好处——

“冬天取暖，一度电只掏一角钱，剩下的由政府和电网企业补贴。两三万一台的采暖空气源热泵，自己仅出千元，近似白送。”

“只要停了小烟囱，夜里不用起来加煤和封炉子，也不用干掏煤渣的脏活儿，更不用担心煤气中毒，多好的事儿！”

……

刘兴义做人厚道，做事靠谱儿，深得乡亲信赖。大家觉得煤改电的好处都在理，响应者众。

一年后，周口店春风仍暖，秋草仍黄，碧树落金，只是少了炊烟。

作为一个普通的供电所员工，刘兴义当然不知道北京“煤改电”的更多数字。但是，这些数字已经印刻在国网北京市电力公司董事长兼党委书记李同智的心中。一张张各区供电公司报送的进度统计表，让李同智紧蹙的眉头舒展开来。

伴随着规模巨大的“煤改电”工程持续推进，国网北京电力由单纯的供电企业转型为综合能源供应企业，在保障能源供应、提升运营效益等方面的任务更加艰巨。

今天，“蓝天保卫战”还在继续。天穹之下，成千上万的北京电力员工正在辛勤劳作，用自己的心血和汗水为北京的蓝天默默护航。

26, 94

⊙ 国网北京电科院

26 天。一户普通的农家院，被改造成“煤改电”实景示范展示区。

94 批次。来自四面八方的参观调研者，在示范展示区感受到国家电网公司电能替代的理念。

从 26 天到 94 批次，北京电科院“煤改电”科技攻关队在蓝天保卫战中，演奏出不断奋进的华美乐章。

当年，为了配合国网北京市电力公司“煤改电”工程建设推进，这支“煤改电”科技攻关队应时而生。既然是攻关,就意味着要去解决“煤改电”工程建设中的难题。

2016 年国庆节前，又一项艰巨任务摆在科技攻关队面前——供暖季前建成通州崔家楼“煤改电”实景示范展示区，让社会各界从中感受电能替代的新理念。

11 月 15 日，这是北京全城正式供暖的时间。设计、搭建、装修，一切工作都要在这个时限前完成。每一位科技攻关队的队员，都清楚地知道自己肩上的压力。

时间紧迫，队长李香龙全身心地扑在示范展示区建设的第一线，家里的事情只能都扔给妻子。

屋漏偏遭连阴雨。示范展示区建设最紧张的时候，李香龙的大女儿因为眼疾住进了医院，准备接受手术。即便是这样，他也没能抽出时间去探望女儿。

女儿有些伤心，一次又一次偷偷地问妈妈：“爸爸什么时候能来看我啊？”不过，懂事的孩子知道爸爸在“忙大事”，怕打电话会打扰爸爸的工作。就每天在手机上语音留言——

“爸爸，我今天做手术了，我很坚强。”

“爸爸，今天医生叔叔帮我检查，说我恢复得很好。”

“爸爸，你不用担心我，我很听妈妈的话。”

……

每次听到女儿的留言，李香龙总是眼角湿润。但是，白天实在太忙了，根本顾不上及时回复，有点儿空闲的时候，往往已是夜深人静，女儿早已睡了，只能用留言安慰她。

那些日子，李香龙和女儿就这样“时差生活”。女儿的懂事，让他对家庭充满了愧疚。但是，推广清洁能源、治理大气污染的责任，又让他继续坚守在工程第一线。

在科技攻关队里，包括焦然、杨烁、孙钦斐在内的队员们，都和李香龙一样通宵达旦地工作。

焦然在现场盯着施工，从城里到通州的工地，每天两点一线，披星戴月，几乎见不到预产期的妻子。到了临产前，队员们主动提出接替焦然的工作，让他回去照料几天。一头是工期紧迫的任务，一头是随时待产的妻子，焦然权衡再三，还是选择留在现场，把妻子委托给老人照料。

小宝宝降生的时候，焦然还在现场忙碌。接到母子平安的电话，他既高兴又内疚，一再保证“加倍补偿，加倍补偿”。

示范展示区工程结束了，焦然消瘦了很多。亲戚朋友“嘲笑”说，他和妻子一起“卸了货”。

短短 26 天，“煤改电”实景示范展示区完美建成。

从那时到现在，示范展示区接待参观调研 94 批次，总计超过 2700 人次。各级领导、能源企业负责人和新闻媒体记者纷纷到访，盛赞示范展示区实景呈现了“煤改电”工程，为北方地区清洁取暖提供了“北京方案”，彰显了国网北京电力为提升百姓生活品质、防治大气污染做出的贡献。

喧嚣时刻，科技攻关队已经回到自己的工作岗位，继续着自己的创新实验。智能供储一体化供暖设备、陶土蓄热电热炕、空气源—相变供暖系统、电采暖智能服务平台……一系列科研成果相继问世，累计申请专利 20 余项，2017 年获得中国专利奖优秀奖，2018 年获得国网公司科技进步一等奖。

涓涓细流汇成大海，点点星光亮动银河。更多的数字，印证着科技攻关队员们在“蓝天保卫战”中的贡献——

98 天。“煤改电”智能服务平台设计完成，客户端 APP 同步设计完成。

16 个区县。全覆盖的“煤改电”智能服务，让所有用户进入智能、经济、便利的新时代。

……

电能替代在行动，科技支撑北京蓝。北京电科院“煤改电”科技攻关队的故事没有结束，他们不忘“为了人民美好生活”的初心，正在实现“电暖蓝天”的道路上砥砺前行。

大会战

⊙ 国网北京顺义供电公司

窗外寒风凛冽，肖振华的家里却温暖如春，老大爷和老伴儿开心得合不拢嘴。

25 摄氏度，这是客厅里温度表显示的数字。

比温度更让肖振华满意的是，这位 69 岁的老人再也不用天不亮起床，挨着冻到院子里为炉子添煤掏灰。

“以前，每年从入冬到来年春天，根本离不开煤炉取暖。今年‘煤改电’，供电公司给我家安装了地暖，户线还加粗了，电价也便宜，别提有多高兴了。”

肖振华家在北京市顺义区赵全营镇东水泉村，院子的角落处有一间不起眼儿的屋子。以前，这里专门堆放冬天取暖用煤，现在是一台外形酷似空调外机的空气源热泵。整个东水泉村，“无煤”是各家各户的标准状态，祖祖辈辈燃煤取暖的历史结束了，冬天的生活彻底变了样。

2017 年，顺义区确定了 10 万户“煤改电”的目标，并且要在采暖期前全部调试合格，确保老百姓冬天不挨冻。这项看上去几乎不可能完成的电力工程改造任务，摆在了顺义供电公司面前。

农电中心主任潘新征迎难而上，像要上战场一样紧急行动起来。

既要加快施工，又要保证安全，最好的办法就是停电作业。然而，“煤改电”主要在夏季施工,停电就意味着空调成了摆设。特别是很多村子的自来水依靠水泵打压，一旦停电等于同时停水，到时候农户做饭都会成大难题。

为了解决这些矛盾，农电中心想尽办法，最大限度地减少停电次数。他们把停电时间提前告知每家每户，停电当天带着发电机前往施工现场，在停电作业时为水泵发电抽水。居民们看在眼里，慢慢地开始理解和支持停电施工。

这是和时间的赛跑。顺义供电公司几乎全员无休，农电中心的员工更是全天守在工地上，监督解决问题。

清晨 5 时 30 分，兰振青就开始“走着瞧”，也就是去巡视自己负责的 7 个现场。每到一个地方，他都要仔细核对工作票，填写危险点控制单，检查作业人员的安全技术措施是否到位。地线是否牢固、地线牌是否规范、禁止合闸牌是否悬挂，线路上的每个杆全部检查完才能放心，每一个安全细节都不疏漏。

傍晚，当天的施工进度完成，各小组开始拆地线。工人们都回家了，兰振青却回到了公司，核实记录工作量，确保后续工程精准结算，还要对照着施工设计图撰写施工方案。

陈淑华的家也在东水泉村，门口的胡同里有一根 30 多年前埋下的水泥杆，早已废弃，长年风雨侵蚀，存在折断的危险。看到施工队进村“煤改电”，78 岁的陈老太太犹豫着和工人们说起这根水泥杆，小伙子们立刻答应下来。傍晚收工后，班长谭柱和工友们忙碌半个多小时，用吊车把老人家心头的这根“刺”给拔了出来。

2017 年 9 月 29 日，潘新征苦尽甘来。指挥部的进度管控板上，象征着胜利的

小红旗贴在了头二营村，历时 172 天的“煤改电”工程提前一天竣工。

然而，更艰难的挑战还在后面。

进入 11 月，气温持续走低，一下子承接了 10 万户的用电取暖，顺义供电公司的运行维护和检查抢修，都提高到一个新的极限。

作为一名“电力管家”，程国忠和他的同事就是“煤改电”用户的“暖男”。

深冬的北京，室外温度达到零度以下，电力工人却只能穿着轻便的工作服，顶着凛冽的寒风攀爬电线杆。如此艰苦的室外作业条件，并没有拖慢抢修的进度，

“天气越冷，我们越要第一时间把供电线路抢修好，不能让老百姓冻着。”程国忠说。

手机 24 小时开机，这是程国忠的职业习惯。只要是用户来电，他都耐心解答。电话解决不了的，则会立刻赶赴现场。有时到了午夜，还有用户反映家中的用电问题，已经睡下的程国忠立即克服浓浓倦意，开车直奔 30 多公里外的现场，这一夜，程国忠一直忙碌在检修现场，妻子也是一夜无眠，挂记着丈夫的安危。

“煤改电”后的北京，室内有更多的温暖，户外有更多的蓝天。

北京市电力公司

绿水青山一盏灯

⊙ 国网北京门头沟供电公司

在北京最高峰灵山脚下，有着一个辖区面积 339 平方公里却只有 26 名职工的乡镇供电所——国网北京门头沟供电公司清水供电所。

供电所辖区 6700 多户、1.1 万百姓，负责 6 条全长 152 公里的 10 千伏线路全部的运维抢修工作。北京大西山“土著”老贾贾立志，15 年在山区巡线检修，走着盘山碎石路，行车百米深渊旁，就这样走着走着，成了山里父老乡亲心中最“暖”的人。

【好人老贾】

在清水供电所的辖区内，偏僻村子的户外设备损坏较少，反倒是村民屋里的灯泡不亮了、保险丝断了等小事儿较多。每当这时，不管多远的路，多恶劣的天气，只要乡亲找到老贾，他二话不说，拔腿就出发。

有一年 7 月底，山区进入蓝色暴雨预警，一眨眼的工夫雨点就连成了线，哗地一声，大雨倾盆而至。

“我家没电了，但家里老人夜里需要氧气机，如果晚上还没电，可咋办？”下午 1 时，刚从村里修电回来正在吃午饭的老贾，接到向阳水村村民的求助电话后，立刻放下手中碗筷，和同事带上抢修装备动身。

从供电所出发需要翻过灵山，穿过河北省涿鹿、怀来两个县，行程近百公里，车程近 3 个小时。

一路上风雨交加，工程车雨刷器不停地来回摆动，雨水挡住了视线，山路也变得湿滑，车紧挨着山体慢慢行驶。

老贾怕村民着急，路上不停与村民电话沟通。赶到村民家后，立刻着手查找问题，很快找到了故障原因，当电灯再次亮起，制氧机重新启动的那一刻，老贾和同事们已然忘了满身的雨水和疲惫。

“为用电客户服务好”这句话对老贾来说，从来不是一句浮于表面的口号，是必须落到行动、看得见、摸得着的服务誓言。

82 岁的赵清雨是榆树湾村唯一的住户。老人孤身一人，8 年前被侄子侄媳接到了向阳水村。因舍不得自家田地和老屋，赵大爷偶尔还会回榆树湾村住上几天。可就是这几天，没有电，老人的生活也很不便利。

老贾知道后，主动帮老人家接上了电。在每次巡线前，老贾更是提早联系赵大爷，每次入村都会给他带点日常用品和必备药品。赵清雨老人抓着老贾的手，满含泪水说：“多亏有你这孩子，不然我独自住在这里，病死、饿死都没人知道啊……”

【“轴人”老贾】

为了打赢蓝天保卫战，2013 年门头沟山区开始推进“煤改电”工程，以前烧煤取暖的方式逐渐被清洁能源代替，老贾和所里同事也有了新任务。

清水镇的无烟煤已经有上千年挖掘和使用的历史，村民一直觉得烧煤才是驱赶寒冷最暖和、最实惠的方式，一入冬，家家户户储备取暖的煤堆得像座小山。

“现在政府说不让烧就不能烧啦？”村民一时间很难接受，议论纷纷。矛盾最尖锐的那段时间，供电所的煤改电工程一直很难推进，个别村民不让立电杆、不许打拉线。

为了让乡亲们明白“煤改电”工程的惠民政策，老贾认真咨询研读“煤改电”政策后，天天走街串户耐心地跟村民们拉家常、做工作。

“到了冬天，咱们再也不用半夜起来添煤封火啦，也不用扫那永远也扫不干净的煤灰渣子。”

“这储能式的电采暖设备转上一天一夜才花几块钱，比烧煤省钱多了！”

“采暖季居民用电最低价时，只要一毛钱，关键是再也不怕煤气中毒了，平安过冬，多好啊！”

……

老贾人“轴”，那段时间，逢人他就念叨着这些话，把政策最关键的内容，一家一户地“唠”给大家。终于，他凭着这股子轴劲儿，把煤改电的试点村攻了下来。

“煤改电”后的第一个冬天，老贾惦记着清水镇村民们关心的“热值高不高，能不能温暖过冬”，就又到村民家中回访。

看到老贾来了，村民热情相迎，拉着他七嘴八舌地说：“煤改电真像你说的，挺好呀！你看，家里铺上地板砖，墙上地下都干干净净的，屋里进来就有暖气，再也不用操心了。”

看着村民的笑容，老贾心里也美滋滋的。

国家电网

【党员老贾】

老贾多年来随身携带“三件宝”：共产党员服务队名片盒、记事本和三支不同颜色的笔。

他有个习惯，工作结束要和报修人聊几句，并留下联系名片，为此，他的手机号 15 年没有变过。

他用记事本记录每一次电力维修的工作情况，并使用红、蓝、黑色分别记录紧急报修工单、普通报修工单和完成情况。日积月累，一本本记事本成了电力维护的“大数据”，使他对各个村的每一个电杆和变压器了如指掌，堪称清水供电所的“活地图”。

15 年来，老贾每天如此，穿行在清水镇地区 32 个行政村，为百姓点亮了近万盏灯。

老贾说：“只要还有一盏灯，我们也要让它亮起来。”

“煤改电”大管家

⊙ 国网北京房山供电公司

在房山公司营销楼，有一间办公室每夜灯火通明，电话不断……

“今天 10 千伏富庄路高压正常发出……”

“10 千伏西召路 028 台区正常发出，低压架空线全部更换完毕，新装 400 千伏安变压器送电正常……”

“芦上坟村前期工作全部协调解决，可以领取电流互感器……”

这就是房山公司营销部副主任兼昊天供电服务中心主任，“煤改电”工作组“大管家”李靖的日常工作。

如今，北京持续实施大气污染防治行动，“北京蓝”开始成为微信朋友圈里热晒的景色。在电力行业，为“北京蓝”贡献最大的当然是“煤改电”工程，而这离不开像李靖这样的电力人。

从2010年毕业进入北京电力，李靖在短短几年时间里就成为一名“百佳工匠”的部门管理者。他与“煤改电”工程的那些事儿，更是一段令同事们交口称赞的传奇。

李靖永远是一个闲不住的人，每天都要到老百姓家中走访，看看他们有没有正确使用“煤改电”设备。日复一日，他发现大部分人并不了解设备的运行方式，往往不用的时候断电，用的时候再插电，浪费了宝贵的能源。按照这份调研结果，房山区政府采纳了李靖的建议，决定本区全部采用蓄能式采暖设备和空气热泵设备取暖，给老百姓带去了真正的实惠。

推进“煤改电”工程的时候，李靖遇到过各种各样的困难。在青龙湖地区“煤改电”外电源新出线工程中，原有设计路径需要穿越万亩森林公园，占用林地新建22基钢杆。李靖与设计施工人员先后20余次深入现场勘查，在市区两级政府部门支持下，拿出改进方案，把这块硬骨头啃了下来。在琉璃河作业现场进行线路施工时，10千伏线路横跨京港澳高速，李靖带领着100多人的施工队伍奋战到凌晨3时，争分夺秒地完成了跨桥作业，大大缩短了工期。

2017年8月初，房山区政府将全区7.5万户的户内线改造任务交给供电公司。李靖组织3000余人连续奋战60天，顺利完成工作。接下来，区政府又将48家单位1500余户企事业居民“煤改电”改造任务交给供电公司，李靖带着大家迎难而上，与时间赛跑，赶在冬季第一次寒潮来临前完成改造和试运行工作，确保为居民正常供暖。

然而，在李靖的心里，最艰难的还是“煤改电”施工时那些“白+黑”的日子。从成立指挥部集中力量办大事到精雕细琢确村确户，从“煤改电”启动大会到编制《工程作业指导书》等一系列工程规范，从建立“日调度、周管控、月例会”的管控模式到为赶工期把日例会延迟至夜里召开……一次又一次攻坚，一次又一次蜕变，换来的是高峰施工阶段几百个作业现场的安全和质量，换来的是“十三五”期间11万余户“煤改电”改造的完成。房山配网全面升级改造率达到70%，安全规程100%全覆盖，施工人员岗前培训100%全覆盖，施工工艺质量培训和验收标准培训100%全覆盖，优质服务培训100%全覆盖，验收过程视频留档100%全覆盖，这其中都有李靖的心血。

电力作为清洁高效能源，越来越被老百姓依赖。在李靖看来，让房山百姓度过一个温暖干净的冬季，才是“煤改电”工程的意义。为此，房山公司党委与各级地方党委政府分别成立电采暖联合党支部，通过区域化管理和组团式服务，分片包干，联动配合开展电采暖入户供电延伸服务。

村里的老人从广播里听到李靖所在的电采暖联合党支部来立教村的消息时，特意拄着拐杖来到展台前，对电采暖和供电公司赞不绝口。这一刻，李靖和同伴觉得自己再多的付出都是值得的。

工欲善其事，必先利其器。在不断梳理工程风险点及管控措施的基础上，李靖试点研发了“煤改电”工程管理APP。这个APP以施工负责人作为应用人，操作简单，所有步骤均有提示和确认，数据均为现场拍摄上传保存，确保无法修改。同时，它还可以统计查询工作计划执行情况，浏览现场情况，查询物资到货报表以及解除问题报警，实现了安全、进度、服务等多方面管控，有效解决了现场发生前期问题逐级汇报链条过长的问题，大大压缩了问题处置时间。

李靖工作繁杂，对忙和累早已习以为常。千家万户团圆的节假日，就是李靖挑灯夜战之时。每年的除夕夜，房山用电负荷急剧攀升，一旦停电，他都要立即组织应急人员开展抢修，确保在最短时间内恢复电力供应，不

让居民因停电而烦恼。

李靖和同伴们的付出，换来的是房山电力供应的稳定。他早出晚归，常常夜里回家里看一眼睡梦中的孩子，马上又驱车赶回作业现场。他说，看一眼孩子觉得特踏实，这是为了“小家”；回到现场觉得更踏实，这是为了“煤改电”工程这个“大家”。

一个简简单单的踏实，蕴含着每个奋战在一线的电力人的心声，也造就了房山百姓安康祥和的万家灯火。

一种付出，决定一种收获；一种奉献，成就一种梦想。面对新的征程，房山公司所有职工将会再接再厉，以李靖为学习榜样，全身心投入“煤改电”攻坚战中，守护首都的蓝天，为地区经济社会持续健康发展贡献力量。

“海底捞”改造记

⊙ 国网北京丰台供电公司

去饭店当然是为“开吃”，去火锅店当然是为“开涮”，要说北京哪家火锅店有名气，海底捞绝对上榜，去晚了等位两个小时都是常事儿。有这么两个人，天天往海底捞跑，到了饭点却从不“开涮”，有什么事儿比吃饭还重要？

这俩人，一个叫李斌，一个叫贡张福，分别是北京电力丰台供电公司的营销部主任和专工。辖区里，方庄海底捞总店他俩可没少跑，但却从来没在那儿吃过一顿饭！

【机缘巧合　电能替代】

2017年4月，海底捞方庄店的毕店长接到城管通知，要求拆除店内一间违章建筑。赶巧，这违建里，是火锅店最重要的宝贝疙瘩——变压器，

毕店长手上拿着这张通知单，可犯了难。“虽然火锅用燃气，但没电了，火锅店照样没法营业啊。”正犯难，他猛然想到了供电所，连工作服都来不及换，赶紧上路。

“李斌主任，您看这配电室要是拆了，我是不是就要停业了？我们店可是全北京最大的一家旗舰店，每天上千人的客流量，一天营业额就几十万元，有没有解决办法啊？”

李斌听明事情缘由后，先安抚好毕店长的情绪，然后表态说：“这个配电室是您店里的唯一电源，我会积极和街道提议看能不能暂缓拆除。同时，我帮您留意着，如果有相应的政策支持，肯定第一时间联系您。”

没多久，李斌调离了方庄供电所，就任丰台公司营销部主任。虽然手里的工作更忙了，但海底捞这个事儿，他始终记在心里。

几个月之后，李斌和同事贡张福专工一起来到海底捞，同时带来了一个好消息。原来，北京市电力公司一直致力于推进“煤改电”“气改电”工作，提出“以清洁、高效的电能替换餐饮业燃气，打造高效电磁厨房”的建议，并在寻找有此意向的单位。

毕店长见了他俩就像见了救星一般，好酒好肉摆了一桌，李斌和贡张福见这阵势连连摆手。“如果您愿意参与这项活动，正好可以解决变压器的拆建问题，您先确定好了再联系我们，毕竟这是个大事儿。”

很快，海底捞总部回复：同意改造。

原来的火锅店里，遍布燃气管道，每桌食客都要面对的明火，一直是店家最担心的安全隐患。这次，正好借着电力改造的东风将营业了8年的店面重新设计装修。

经过实地勘查，海底捞试点“气改电”工作，正式启动。

这下毕店长可高兴了，有了电力公司的指导和帮助，心里悬着的大石头总算落了地。

【一波三折　三家共赢】

在李斌和贡张福一次次的奔波协调下，改造工程的各项前期工作进展顺利，双方正准备签订共建合作协议时，发现了新的问题。

原来，海底捞只是承租方，并不是产权所有者，这么大的事情必然需要产权方的同意才能进行下去。所有的工作都陷入了停滞，很多之前做的工作都需要重新来过，产权方的态度、决策都将决定着项目进程。

兵来将挡，水来土掩。李斌和贡张福可不是轻易放弃的人。既然产权方有疑义，那就准备好材料主动登门拜访，打消他们的疑虑。

李斌至今都记得，第一次三方会面约谈时，气氛紧张得剑拔弩张，对于他们提出的任何建议，产权方都是一百个不乐意，毫不讳言地说："我们不同意你们对海底捞进行改造，这个房子的产权是我们的，变压器的产权也是我们的，你们没有权力这么干。"

海底捞满心期盼着供电公司能够说服产权方同意改造，但看到产权方态度这么坚决，心里也没了底，毕店长急得嗓子直冒火。

再看看李斌和贡张福，虽然心里也着急担心，但依然站在产权方的角度思考问题，不厌其烦地向用户解释改造的诸多利好。

"我们特别理解您的担忧，也最大限度地为您和海底捞争取政策支持，我们会开辟绿色通道，将增容改造业务升级成新装用电，将原来的旧设备统统拆掉，安装新设备，容量提高到以前的两倍。"

"您原来放置变压器的地方属于违章建筑，迟早要被拆掉，我们建议把新装设备放置于地下。但由于地下空间太狭小，普通的设备都放不进去，我们带设计人员去实地勘查，为您定制了专属的异型设备。"

“等改造完成后，您什么也不用管，全部交给我们来运维，用电出了任何问题我们负责到底。”

“经请示北京公司，用于改造的费用全部由电力公司承担，您一分钱都不用掏。”

那段时间，李斌和贡张福两个人带着改造方案、手续和流程，将海底捞和产权方约在一起，全面细致地讲解改造的原因和最终效果。一次不行就解释两次，两次不行三次，只要产权方有一点儿疑虑，这俩人就开足了马力开启答疑模式，直到产权方全部了解并消除了疑虑。

最终，经过前后四次约谈，产权方终于感受到了供电公司的诚意，也逐渐理解并接受了，意识到“气改电”是一件多方受益的好事情，最终同意了方案。2018 年 1 月，产权方、海底捞、电力公司三方共同签订了共建合作协议。

【好事多磨　好事竟成】

虽然三方签订了共建合作协议，但还是有一堆问题需要处理。

李斌和贡张福还是一趟趟地往海底捞跑，对外要向有关部门报批，对内要协助客户报装、勘查现场、联络物资、组织沟通协调会。总之八个字：任务艰巨！压力山大！

丰台公司营销部在 2 个月内完成了项目可研评审、批复、立项、核准流程，用最短的时间完成了设计、施工、监理的招投标工作及合同签订，将 6 个月的工作量压缩在 3 个月之内完成，这在以往的工作中几乎是不可能完成的任务。

守得云开见月明。2018 年 7 月 17 日，海底捞“气改电”施工启动会正式召开。

为方便用户改造期间内部装修临时用电，丰台公司按照“三零”服务标准，在三天之内完成海底捞报装的施工用电接电工作。

未来，“气改电”完工后，店内环境将整洁一新，还杜绝了明火、燃气泄漏等重大安全隐患。每年碳排放量预计减少 54.15 吨。

“气改电”改的是能源消费方式，这将是北京第一家没有火的海底捞，是低碳、节能理念落地餐饮业的生动实践。

留 座

绿色出行加速度

⊙ 北京华商三优新能源科技有限公司

疾驰而过的电动汽车，如今已经成为北京街头的一道风景。

作为全国电动汽车保有量最多的城市，1.5 万多台公共充电桩和 3.5 万多台私人充电桩，正在让绿色出行跑出“加速度”，助力“蓝天保卫战”。

日渐庞大的绿色出行交通网络，离不开电力的动力支撑。北京华商三优新能源科技有限公司的研发和服务团队，就是新能源交通工具的“守护天使”。

【共享资源拓宽绿色空间】

在北京，越来越多的电动车主离不开“优易充”了。

作为“优易充”的用户，志新小区的一位电动车主共享了自己的充电桩：“我的车能用，别的电动车主也能用，既为绿色环保做贡献，每个月还有额外收益。”

数据显示，“优易充”日常用户已经超过 5 万，下载用户超过 12 万。平台和 APP 推出 3 年来，1.2 万多位租户使用了私人分享桩，充电服务达到 9 万次，“桩主”总收入 590 多万元，收入最多的“桩主”平均每月能有 1500 元左右的收益。

这一切，来自研发团队一次突破自我的创新。

曾被家人戏称为“小老头”的杜岩平，其实只是一位“80 后”，参加工作还不到 10 年。不过，论起充电桩，他绝对称得上“元老”。

研发第一台充电桩的场景，如今已经是副总工程师的杜岩平仍记忆犹新：“大家都像玩命一样工作，饿了啃面包，困了就趴在桌上眯一会儿，最长的一次三天三夜没有休息。那段时间，我每天胡子拉碴，确实很像‘小老头’。”

打赢北京“蓝天保卫战”，绿色出行首先落实，充电桩的推广迎来历史机遇。2012 年，第一台私人充电桩落户北京。2018 年，私人充电桩总量将突破 5 万台。

一步领先，更要步步领先。步步领先，离不开观念的创新。杜岩平和研发团队的成员发现，很多充电桩的利用率并不高，车位和充电桩的闲置率很高。从盘活“桩主”资产出发，他们想到了“共享”。

说干就干，研发团队和运营团队联合行动，快速开发出“优易充”APP。在这里，每位“桩主”可以标注自己的充电桩位置，自行为充电和停车位定价，有需求的车主直接确认使用。所有的收益归属“桩主”，平台不收分文费用。

“优易充”一经推出，应者如潮，成为电动车主的首选。依照每台私人充电桩对应 4 位电动车主的数据核算，2018 年底将有 20 万辆电动汽车参与“共享”，不但节约了大量充电桩建设资源，由此带动的绿色出行更让北京的蓝天多一份保障。

找到最近充电桩
百合小区2单元5号桩

【让车主更信赖绿色出行】

只有更多的人接受电动汽车，交通污染问题才能得到有效缓解。如果充电问题解决不了，车主就会放弃绿色出行选择。

看上去并不起眼的充电桩，对于“蓝天保卫战”的意义不可小觑。

经北京华商三优新能源科技有限公司统筹布局，280多人的充换电设备运维服务团队遍布城郊，保障了电动汽车充电桩的稳定使用。

论起平均年龄，这支运维服务团队只有27岁。论起维修保养充电桩的经验，他们却个个都是老师傅。要知道，电动出租车、电动环卫车、电动物流车使用的充电桩，一直都是他们负责维修保养。

“市内站点设备保证三天巡查一次，郊区设备至少一周巡查一次。”运维服务团队的张扬说，“越是极寒、高温的恶劣天气，越是要加大巡查的力度，确保设备完好无损，‘吃苦’就是家常便饭。”

2017年夏天的一个傍晚，正要下班的张扬接到一位车主的电话，电动车无法充电。原来，这位车主带着父母去密云水库游玩，在不老屯公共充电站充电时，百般尝试都无法完成，车辆的SOC值反而继续下降，续航里程已经不足10公里。

不老屯公共充电站距离城区58公里，需要经过长距离的盘山路段，崎岖难行。张扬没有丝毫犹豫，和团队成员以最快的速度赶了过去。经检查测试发现，用户车辆不能正常充电与充电桩无关。

看到束手无策的车主，张扬留了下来，一边安抚用户情绪，一

边继续尝试为车辆充电。经过反复操作，尽管 SOC 值没有提高，但显示的续航里程增加了。

一个小时以后，续航里程达到 70 公里。张扬给车主提出建议：“您开车跟着运维服务车辆走，我们陪着您一道回城。您的父母可以搭乘运维服务车辆，通过减轻车重降低电量损耗。万一中途没电了，我们再想办法。”

几经反复，车主终于回到家。“你们是我见过最棒的服务人员，特别靠谱儿。以后，我只用你们的充电桩。”

2017 年，张扬和同伴共提供充换电服务 560 万次，充电量 7000 余万千瓦时，现场处理客服工单 8735 起，巡视站点 56325 次，保养维护设备 27420 台次。

北京的每一个蓝天，都有新能源交通工具守护者的奉献。当绿色出行跑出“加速度”，打赢北京“蓝天保卫战”的日子就越来越近了。

百变箱

⊙ 国网北京城区供电公司

北京的夜晚，初雪纷飞。

杨梅竹斜街，传统的箱式变压器个头太大，被堵在狭窄的胡同口。居民等着送电取暖，电力工人急得满头大汗。

这是 2011 年 11 月，北京城区“煤改电”工程全速推进。

当时，箱式变压器都是 4 米 ×8 米的标准大小，里面装满了电力专业设备，安放在指定位置，方便电力人员随时保养检修。

然而，城市核心区胡同众多，巷口狭窄，加上大杂院里随意搭建，能够留出来的位置有限，箱式变压器的运送和安装都成了大难题。

看着为难的施工人员，听着居民的牢骚和抱怨，“80后”小伙子李彬找到了问题的“痛点”——10千伏箱式变压器亟待改进。

李彬是北京城区供电公司运维检修部主任，喜欢“浸泡”在一线现场，对各种电力设备如数家珍。

“能不能研发一种新的10千伏箱式变压器，让它的占地面积更小？运输安装更加灵活？”李彬和几位爱琢磨的同事组成“城创团”，开始项目研发。

城区供电公司地处首都核心区，政治供电保障任务艰巨，日常工作压力繁重。“城创团”的头脑风暴，只能在万籁俱静的深夜进行。

李彬和同伴翻着图纸，一时有些不知所措。既要大大缩小体积，又要满足供电可靠，还要保证不同设备的安全距离，这几道关卡混杂在一起，就像是面对一个晦涩复杂的数学题，一时很难找到正确的解题思路。

一个又一个不眠之夜过去了，还是没能看见一点光亮。

这天夜里，“城创团”的讨论开始前，李彬愣愣地看着桌角，那是他几天前给儿子买的积木玩具，因为一直没有回家，就始终放在办公室里。

看着看着，李彬突然觉得灵感乍现——箱式变压器能不能化整为零，像“搭积木”一样随意拼接组合？

这创意一说出来，同伴们一致赞同。大家马上行动，把箱式变压器的元件设计成大小不同的“积木”，根据不同的位置、地点和用电需要进行灵活“变形”，狭窄的胡同用“一字”，拐角的地方用“L”，特殊的空间用“上下”。

原本一模一样的箱式变压器，就这样变成了大小不一、形状不同的“小家伙”，被大家称为“麻雀虽小、五脏俱全”的“魔方”。

400多个日夜过去了，“城创团”在研发之路上遍尝酸甜苦辣，先后验证了23

种方案，箱式变压器的尺寸缩小了 30%，运送和安装受限的问题迎刃而解。

然而，在现场实验的时候，设备硬连接的问题又出现了。

为了施工方便，新的箱式变压器里各个模块预先安装了元器件。这样一来，箱体就无法采用传统的螺栓连接。

“城创团”毫不气馁，查找资料、咨询专家、编制方案、挑选材料，反复进行现场测试和检验，终于找到一种精巧的专用连接装置。

接下来，李彬和同伴们又在设备软连接上做足文章。新的设计里，高压与变压器之间采用绝缘电缆，变压器与低压之间采用软铜带，二次串线则使用带自锁定功能的对接插头。“9·3”大阅兵期间，这套不打孔连接技术投入实际应用，分体生产，独立运输，现场组装，为特级保电做到万无一失立下了汗马功劳。

“城创团”的智慧设计，让新型箱式变压器的每一个细节都充满创意——

箱体采用轻型敷铝镁锌钢板制作，耐腐蚀性提升了 5.5 倍。

箱体的门与各个侧板可以互换安装，灵活性高。

导水槽和电缆过线孔封板进行特殊设计，有效减少了凝露对设备的影响。

门板加开“百叶条”，顶盖采用内衬板并开通风孔，整个设备既通风又防潮。

新的箱体变压器具备开关遥信、遥测、遥控功能，可以对溢水报警和温湿度监视，向上接入无源光网络，向下接入电力线载波，实现低压电网主动抢修功能。

占地面积小，装备设计优，技术革新巧，智能互联强……刻板的传统箱式变压器，开始拥有了智慧的大脑、科技的神经和自由变形的机体。

迄今为止，模块化智能箱式变压器在北京二环路内得到广泛应用，已带动用户 3.45 万户，负荷 14 万千瓦，平均稳定运行 1807 天，可靠性达 100%。同时，减少占地面积 9078 平方米，节约投资超过 9 亿元，减排二氧化硫 268 万公斤。

“总体技术达到国内领先水平”，这是中电联评委专家给予的高度评价。已经通过的国际专利受理、5 项外观知识产权证书、国网青年创新创意大赛金奖，都印证着模块化智能箱式变压器的含金量。

智慧工地

⊙ 国网北京经研院

“看，这里防护网没有封闭好。”一天早上，国网北京经研院数据中心员工李聪一边说一边将视频截图，并通过线上系统发送给工程建设项目部经理。随后，李聪录入值班日志，一条违章信息就这样被记录下来。

几乎在同一时间，工程建设的监理单位和施工单位相关人员的手机 APP 上也会弹出这条信息，接到指令后，他们会立即启动整改，并将整改后的信息拍照上传。

从发现问题到完成防护网安装，前后不到半小时，这样便捷高效的工作方式，是经研院将电网工程接入智慧工地系统后带来的变化。

近年来，北京地区加快城市建设步伐，南部新机场、东部副中心、西部首钢产业园、北部冬奥会（世园会），还有遍布全城的煤改电工程和城市核心区的架空线入地工程，以及与之相关配套的电力工程数以百计。

加之，经研院在国网北京市电力公司的电力基础建设中，还承担着几乎全部 220 千伏电压等级的工程建设管理任务，平均每年负责建设管理的变电站工程、电力隧道工程、架空线工程多达十余项。仅在 2017 年到 2018 年上半年，同时开建的电力基建工程就多达 12 个，每个工程一般需要 2 ~ 3 个项目经理，而经研院总共才 10 个项目经理，别说有效监管了，一个工程一个项目经理平均一周能去现场一次，就算很好了。

眼看着管理资源与现实需求无法匹配，如何利用科技手段，对工程进行智慧化管理，摆在了经研院面前。

李聪当过项目经理，过去经常要去现场，有时候工地比较远，往返路上就要三四个小时，在工地待不了多长时间。“要是能足不出户地坐在办公室里，想看哪个工地就能立刻赶到就好了。”有时候，被堵在路上时，李聪就经常这么嘀咕。

2017 年暑假，为了在白天上班时也能看上一眼五岁的小女儿，他在家里装了一个家用摄像头，随时拿起手机就能看清家里的一切情况。

“就是这么个不起眼的小东西，帮了我大忙。”李聪后来回忆说，“当时我就想，能不能在我们的工地也装上摄像头呢，这样不管我在哪儿，不管什么时候，打开手机我就能看到工地了。”

李聪的想法得到了院领导的认可，以运河 220 千伏地下变电站工程为试点，开始了智慧工地的研发。

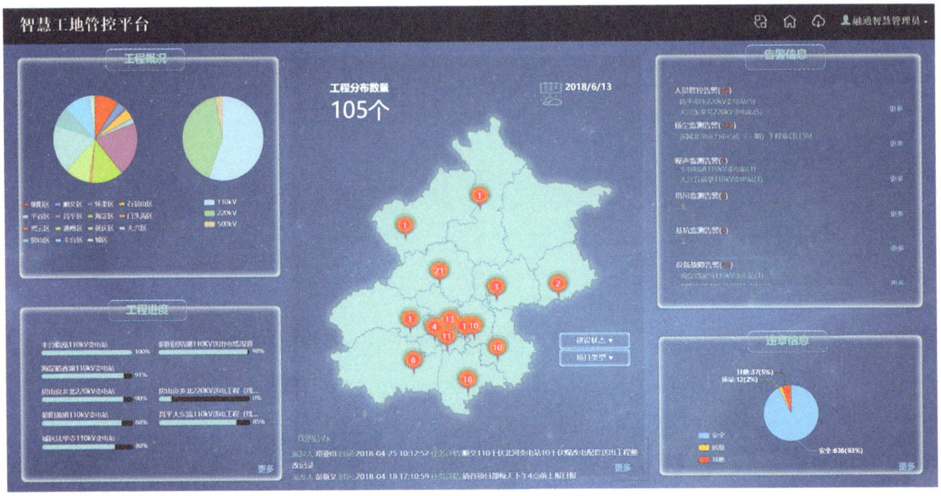
智慧工地管控平台
工程概况
工程分布数量
105个
2018/6/13
告警信息
工程进度
违章信息
更多

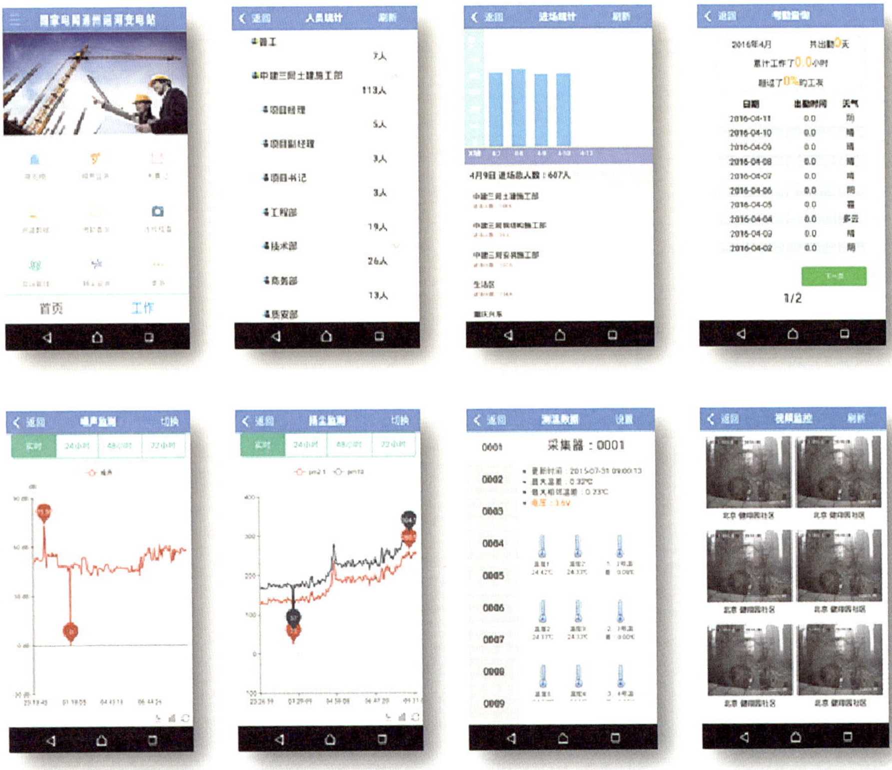
首页
工作
返回
人员统计
刷新
进场统计
考勤查询
1/2
噪声监测
切换
扬尘监测
测温数据
设置
采集器：0001
视频监控

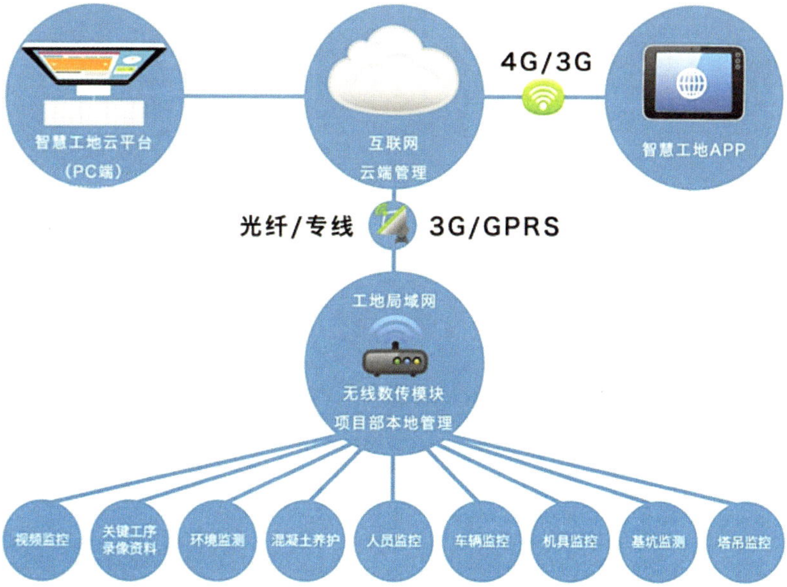
智慧工地云平台
（PC端）
互联网
云端管理
4G/3G
智慧工地APP
光纤/专线
3G/GPRS
工地局域网
无线数传模块
项目部本地管理
视频监控
关键工序
录像资料
环境监测
混凝土养护
人员监控
车辆监控
机具监控
基坑监测
塔吊监控

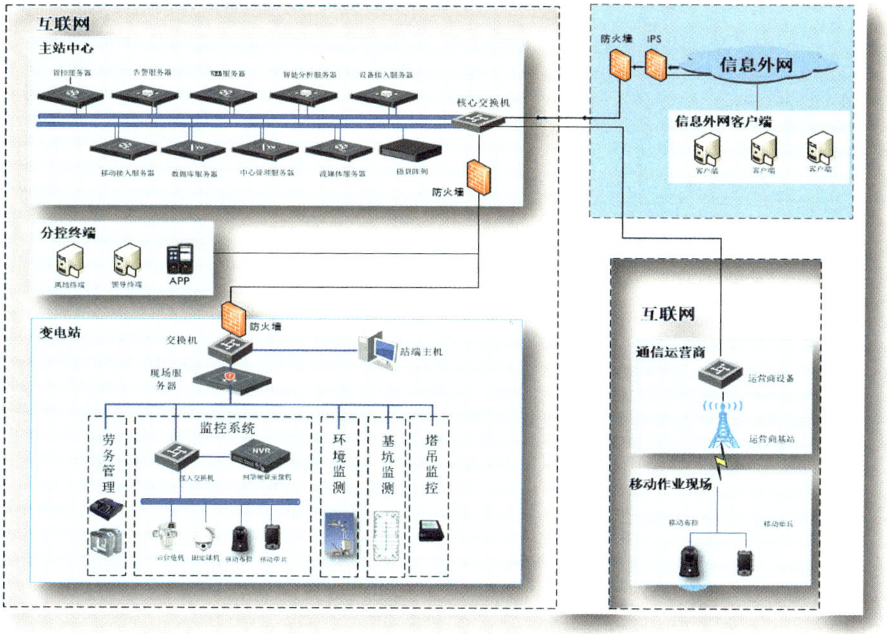
互联网
主站中心
核心交换机
防火墙
防火墙
IPS
信息外网
信息外网客户端
分控终端
APP
变电站
防火墙
交换机
站端主机
现场服务器
劳务管理
监控系统
NVR
环境监测
基坑监测
塔吊监控
互联网
通信运营商
运营商设备
运营商基站
移动作业现场

想法不难，但实施起来还是遇到了不少技术难题。

首先是监控和回传画面的卡顿问题。

很多工地地处偏远，4G 卡回传效果不理想，画面走走停停，让在后台监控的管理人员很是抓狂。为此，技术部门集中攻坚，向通信专家取经，经过几个月的调试和磨合，最终成功攻克了难关。

按照经研院的既定设计，每个在建的变电站工地都要加装至少 4 个监控摄像头，每个摄像头可实现 360° 旋转，30 倍变焦，兼具录制功能，视频资料也可以保存。

“我们的摄像头能在 100 米之外看清报纸标题，连施工人员的面部表情都能看得一清二楚。把它装在这里，就相当于我们把‘眼睛’留在了工地。”李聪介绍说，“对经研院来说，甚至可以通过它完成对工地的远程巡检，半个小时就能查完一个工程，根本不用去现场。”

这样一双“眼睛”，也是所有业主单位、施工单位、监理单位、上级单位共同的眼睛。

今天现场工地去了多少人呢？可以将闸机考勤功能介入系统，每天上工多少人，系统一登录，调出电子考勤模块就一清二楚了。

怎么能控制现场的扬尘和噪声污染、保证文明施工呢？可以在现场加入噪声扬尘监测模块，监测 1 ~ 140 分贝的噪声，并以数值的形式呈现，精度达到 0.1 分贝。扬尘监测模块还能对现场污染指数进行检测，一旦达到预警值，立刻采用水炮降尘，确保文明施工。

智慧工地不但能解决这些人眼看到的问题，人眼看不到的地方，它也能明察秋毫。

以基坑沉降监测模块为例，智慧工地系统通过前期设置的传感单元，能够实现对基坑沉降系数的实时监测，相当于给大地安上了听诊器；将塔吊原有的监测单元接入智慧工地系统，可以对风速、作业半径等信息进行监测和提前告警……

李聪和技术人员还利用三脚架把移动摄像头放在室内，利用4G技术实时回传图像，实现了对电气安装阶段的远程监控。

把某一项工艺的操作步骤输入系统，让施工人员逐条勾选，避免遗漏，既便于施工管理，又强化了标准工艺落实。通过智慧工地系统，不但大大强化了现场安全管控能力，还能对现场施工质量进行有效监督，电力工程建设真正实现了“智慧管理”。

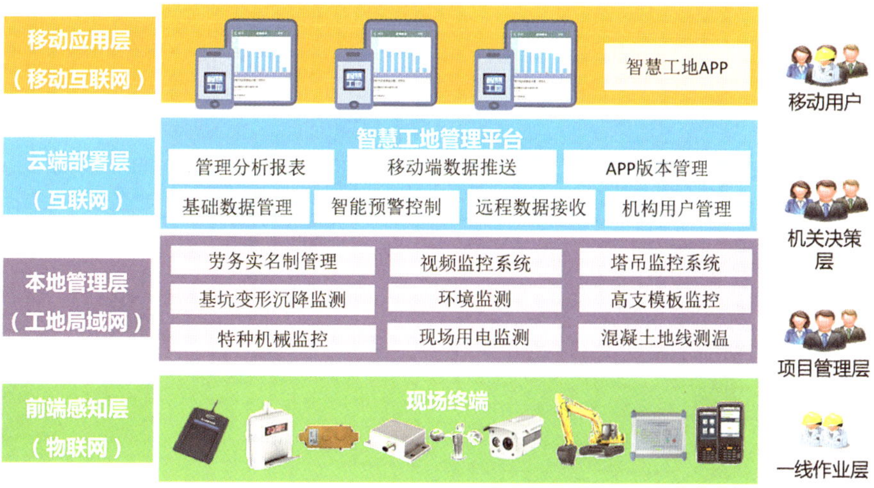

第四章

暖 心

有一种人，他不图回报，只愿守住内心那盏明灯。有一种感动，它润物无声，却总让人泪流满面。

他们为首都百姓送去温暖，为小微企业提供“三零”服务；他们为胡同里的奶奶点亮夜灯，为西藏的阿妈带来光明。

你用电，我用心。哪怕阳光晒黑了脸庞、雨雪打湿了衣裳。

守护光明，就是守护人心。回首，无憾、无悔；望远，温暖、幸福。

点赞“三零”

⊙ 国网北京朝阳供电公司

“什么？这么快酒店能供电了？我们的装修才刚刚开始啊！”

2018 年春天，北京朝阳区某连锁酒店经理刘洋，一大早见到拿着合同前来找他签字盖章的国网北京朝阳供电公司营销人员时，一时没反应过来。这个速度，让他有些不敢相信。在此之前刘经理听说，报装用电这事儿得一个多月呢。

2018 年前，申请用电报装，从申请办理到用上电，平均需要 45 天。现在，北京电力对社会公开承诺：低压居民客户报装，平均 3 天可通电；低压非居民客户报装，平均不超过 25 天可以通电。

这一承诺，源于北京电力推出的“助力小微企业、电力‘零上门、零审批、零投资’专项服务行动”，全力精简流程环节，加快接电速度，降低接电费用，为小微企业发展注入新动能。

【零上门】

用电力公司师傅的话说，有很多客户，一辈子可能只报装一次电，之前的程序和流程，还是相对烦琐。

北京电力承诺“零上门”后，从客户上门申请变成了上门服务。客户可通过电话、网站、“掌上电力”APP 等多渠道提出用电需求，电力公司将委派专人现场查勘并实施工程，客户再也不用往返营业厅。

“以前接电，得跑几趟营业厅，现在好了，你们来人上门服务，真是太方便了。”这是某房管所的李先生对“零上门”服务的切身感受。

“本来就是抱着试试看的心态拨打了 95598 热线电话，没想到下午就有人上门了，很快就用上了电，这速度真是快！”一家村菜市场负责人张经理感叹。

国家电网公司
STATE GRID CORPORATION OF CHINA
国家电网
STATE GR

低压居民接电
“三零”服务
服务指南

人民电
国网首都电力共

【零审批】

“零审批”是通过打造技术先进的互动服务平台，形成客户主动融入的新型业务模式，为客户提供定制化、个性化的服务。

北京电力客户经理主动上门，将坐商转变为行商，给小微企业带来实实在在的便捷。通过精简手续，一次性现场收取所有报装资料，并简化报装资料种类及数量，取消低压非居民内部工程图纸审核及外电源验收环节。

之所以能够快速提高效率，得益于一个新式秘密武器——掌中宝。它为电力公司的程序简化、提高效率立了大功。

这个和“mini pad”一样大小的“方案设计一体化移动作业终端”被朝阳供电公司的技术人员率先植入了区域内电力设施的典型设计并自带定位系统。客户经理和项目经理组成的“1+1 团队”，在接到客户电话或网上的报装申请后，带着掌中宝来到实地勘验，现场就可以调出区域内可用的一切电力资源，当即就可以依据现场情况选择最优化的电力建设方案。

方案确定的同时，掌中宝的后台就自动生成了供电方案、施工设计图及物料清单。建设部门根据单子开工，原本一周才能完成的电力建设改造方案设计，现在只需一天，大大减少了时间成本，工作效率得到快速提高。

也难怪刘经理惊讶，他只在网上提出了申请，只见过电力公司的工作人员来实地勘验一次。第二次再见到“北京电力”的时候，就是工作人员拿着合同来找他确认签字、通知他可以开闸用电了。

【零投资】

零上门和零审批，节省了客户时间、简化了烦琐的流程，用电成了简单的事。这“零投资”，不仅在时间上节省了，还让小微企业结结实实地省了一笔钱。

按之前的规定，谁用电、谁投资、谁建设、谁维护。像连锁酒店这样的小微企业，要想建设一整套电力工程，连设备带开工，需要 30 万元左右，后期还要进行自我维护运营。

“零投资”服务启动之后，低压接电不花钱了，设备、工程、后期维护都由电力公司承担，企业降低了费用，得到了实惠。

“餐饮业竞争激烈，企业每年利润只有十几万元，没有能力雇用专业人员负责电力设施维护，但这一块儿对于餐厅的安全又非常重要。现在，电力设施的维护工作都由电力公司负责，我真是长舒了一口气，这样的服务帮助我们这些小微企业解决了实实在在的难题。这项服务，我们企业是切切实实的受益者啊。”朝阳区一家餐饮企业老板王经理如是说。

电力公司利用“互联网＋”等技术和管理手段，凭借“三零服务”等创新举措，环节少、时间短、成本低、服务优的办电新模式为小微企业发展提供了强有力的支持。

正可谓：

四处奔波愁断肠，柳暗花明华灯亮。

伏案夜书又东方，客户服务心间荡。

电力公司三零创，小微企业发展畅。

营商环境云霄上，美好生活新向往。

热线真情

⊙ 国网北京客服中心

“95598”，这是一串普通的数字。

然而，在千百万用电客户心里，这一串数字却意味着满意和信任。

从 17 年前第一个热线电话开始，国网北京客户服务中心 95598 远程工作站的值班员们就守在这里，用声音传递微笑，用行动架起心桥，用热情温暖客户，用爱和青春践行着“你用电，我用心”的服务承诺。

直到今天，张冉冉还清晰地记得自己走进 95598 大厅的场景——金灿灿的奖牌，写满感激话语的锦旗，年龄相仿的值班员微笑着接听电话。那一刻，这个 1992 年出生的女孩子暗下决心，要成为这个传递温暖的大家庭里的一员。

一个月的实习期里，笔试、口试和实操考试接连不断。面对密密麻麻的学习材料，看着电脑屏幕的各种操作系统，张冉冉的脸上掠过一丝愁容。

虽然只是一瞬，负责培训的值长申银玲还是看见了这个小表情。“不要小看优质服务手册的内容，那是北京电力年复一年服务万千客户的经验积累，我们没有理由不牢牢记住啊！”

在95598，申银玲已经工作了11年。上岗的那年夏天，她知道自己就是一切从“0”开始的一张白纸，只有尽快掌握更多的业务知识，才能有一身让客户满意的过硬本领。

申银玲埋头苦学，业务笔记装满了手提箱。业务精了，服务自然上了档次，客户表扬的电话接踵而至，她也由普通值班员成长为优秀值班长，还被内聘为24小时VIP辅导师。上班时，实时在线回答值班员疑难问题；下班后，在值班员微信群里分享自己积累的知识点。

听过申银玲的故事，张冉冉用力地点了点头。从此，她就像突然觉悟了一样，每次考试都是满分，在同一拨值班员里第一个坐上了值班台。“看不见的窗口，听得见的真情”——那一刻，她终于明白95598意味着什么，更明白申银玲的笃定和微笑意味着什么。

第一次接听客户电话，张冉冉心里忐忑极了。“您好，115号为您服务，请问有什么需要帮助的吗？”这句心中默念了无数遍的标准服务语，好不容易才怯生生地说了出来。

听筒里的诘问火气十足：“蒲黄榆怎么停电了？这大过节的，家里亲戚今天聚会，黑灯瞎火的真让人着急，你们怎么搞的？”张冉冉一下子蒙了，手心冒汗，不知道该怎么回答。

值长崔莹赶过来，提醒张冉冉查看停电提示，原来是外力破坏故障导致蒲黄榆地区停电。她深吸了一口气：“先生，您的故障信息我们已经受理，会立即安排抢修人员前往。给您带来不便，我们再次深表歉意。”

谁知道，还没过去10分钟，诘问的电话又来了：“小姑娘，这都多久了，为什么还没有来电？”还没等张冉冉解释，电话那端就继续大声埋怨训斥起来。

张冉冉从来没有经受过这般数落，委屈的眼泪像断了线的珠子一样掉下来。可是，想到 95598 的职责，她又逼迫自己振作起来。“先生，因为停电给您和家人带来的不便，真的很抱歉。这次停电靠近市区主要干线，人流集中，抢修困难。电力公司一定会全力以赴！”

听到和风细雨般的道歉，电话那端终于平静了下来。“你把实际情况说清了，我们能理解，就再等等看。我们着急，是怕你们不修啊！”

张冉冉最终赢得了客户的理解。故障排除后进行电话回访时，客户连声道歉，一再说“辛苦了”。她挥舞着双臂为自己加油，更加坚信优质服务就是要从心开始。

电话接得起，业务流得通，类别理得清，工单分得准，结果回得快……这是 95598 规范服务必须要做到的 5 件事。要做到这一点，值班员不仅要有熟练的业务能力和系统操作能力，还要有沟通能力和理解能力，更要急客户之所急，用爱心与耐心赢得信任和满意。

在 95598，共产党员服务队每天都会主动收集困难居民用电信息，帮助客户尽快解决用电问题。在进行电话服务时，值长贺亮发现打来电话的王阿姨是一位残疾人，从此便给自己增加了一份额外的工作。

一次，王阿姨家突然停电，她身体行动不便，加上又是夜深时分，没有办法出去买电。窘迫之际，服务队员第一时间送去应急电卡。原来，为了方便家庭困难和不会使用手机支付的群体，北京电力坚持延续了“爱心卡专递”服务。全天 24 小时，只要市民有需求，就会有 30 元电费充值到客户家的电表中。

不忘光明服务的初心，一代又一代值班员薪火相传，95598 时刻温暖着首都万户千家。

“你要光明，她愿为使者 / 给予希望与温暖 / 她用小小的耳麦，撑起一座座灯塔 / 让爱的光亮，穿破时光的阴霾 / 奉献青春与热情……”这首诗歌是对 95598 的最好赞誉。

24小时供电服务热线
95598

灼灼桃之缘

⊙ 国网北京平谷供电公司

老张与老贾，是北京平谷大华山供电所里的线路运行维护工人，30年没换过岗位。

这个周末，太阳刚刚从山垭口露出来，他们相约来到一片桃林。

“又让你们先到啦！快歇会儿！这些日子看桃花的人多，路堵。”说话的是一位60多岁的老大娘，头戴一顶大草帽，一副桃农打扮。

大娘姓王，是西峪村的低保户，平时独居，与在县城打工的儿子相依为命，平日里靠南山坡上的三亩桃树过活。

老张和老贾与王大娘的相识，已是5年前的事了。一次，他俩到西峪村抢修时，路过半山腰一户院门敞开的人家，低矮的土坯房里没有一点亮光，不时地传来一阵阵咳嗽声……

山里天黑得早，出于电工的职业敏感，他们疑惑这家人为什么不开灯，于是就走进院子探个究竟。刚走进半步，院子里拴在桃树上的一条大黄狗就开始冲着他们警觉地叫。随后，就听到屋内传来脚步声，过了一会儿，王大娘走了出来。

“大娘，您咋不开灯？”

“不知道呢！刚才还亮着，一下子屋子就黑了，我这儿又有哮喘病，懒得动，就没瞅！”

老张和老贾打着手电对屋里的电线仔细检查起来，原来是屋内线路老化，漏电导致开关跳闸。老张把漏电开关合上了，屋子里又有亮光了。借着昏黄的灯光，他俩看到，家里还都是20世纪八九十年代的陈设。

这之后的一个月，巡线的空隙，老张和老贾都惦念着来王大娘家看看，有一次还给她带来了治哮喘的偏方。他们还为大娘申请了共产党员服务队的“爱心基金”，把大娘家老旧的电线和昏暗的灯泡换成了更安全、更省电的设备。

从此，王大娘成了老张、老贾时常惦记的人，他们一有空就会到王大娘家转转。

一天，桃花正开，老张、老贾来看望王大娘时，看到她一个人在桃园里干活儿。想到大娘的儿子在县城打工不常回来，他俩主动提出利用休息时间义务帮大娘剪枝、疏花、授粉、套袋……本就是山里娃的他们从小守着桃树长大，这点事情难不倒他们。干起农活儿来，就像登高上杆、拆换表计一样驾轻就熟。

这一干，就是五年。而老张和老贾的这个故事，只是大华山供电所整个集体的一个缩影。他们串联起的是山间村落里星罗棋布的点点明灯，更担当着一种淳朴厚重的光明守护。

桃，这一种古老的植物，不仅有灼灼其华的优美姿态，不仅有汁肉饱满的四溢果香，更通过时光见证着西峪湖畔的这个供电所那来自桃林深处的桃缘恋歌：

西峪湖畔供电所，中国最美不一般。
全体职工做示范，安全生产永争先。
响应号召煤改电，誓让雾霾远山峦。
冬天温暖又无烟，老乡心里比蜜甜。
共产党员服务队，电动骑行转山弯。
春耕用电更充足，大桃产量翻了番。
爱心基金尽其用，精准扶贫情相牵。
生态旅游农家院，定制服务种类全。
负荷预测与监视，电力适当走在前。
巍巍铁塔映青山，远方客人更流连！

协同发展桥头堡，京津通衢后花园。
电力青年勇担当，万家灯火才心安。
党建引领聚合力，鲜红旗帜正招展。
湖畔春潮今又起，电靓桃乡续斑斓。
一弯春水绿如蓝，一颗明珠嵌山间。
一方热土哺育我，一片丹心报家园！

心心点灯

⊙ 国网北京城区供电公司

夜幕低垂，首都核心区万家灯火。

每一点光明背后，都是一个暖意融融的家庭。

穿行在狭长的胡同，国家电网北京电力城区共产党员服务队的队员们，就像随时出现的天使，守护着千千万万普通市民的生活。

成立 7 年，5 名专职队员，100 多名兼职队员，近千名志愿者，合力推出志愿项目“心心点灯”。这支共产党员服务队洋溢着满满的正能量,被老百姓亲切地称为“电力雷锋”。

西城区官园 1 号楼，队员们走进戴淑兰老人的家。

“家里的电线太老了，有时候插头接上就冒火花，看着就害怕，冰箱和空调都不敢一起用。”长年独居的戴淑兰心有余悸。

队员们带来了新的电线、插座和电源开关，更新了老旧线路，把时常拉断的灯绳开关换成了按键式开关，所有的电源插座都改装在戴奶奶随手就能摸到的位置。

刚刚开心了一下，老人又愁起来：“起夜的时候，摸黑找面板开关太难了，不如灯绳方便。”

队员们明白了，戴奶奶的这个小烦恼，很多老年人和残疾人都会遇到。

周末，队员们又走进 1 号楼，带来了一种可遥控操作的小夜灯。只要轻轻按一下遥控器，房间的灯马上就亮了。

戴奶奶这下开心了：“这个‘如意灯’一按就亮，谢谢电力公司的共产党员！”

很快，小夜灯成了很多特殊家庭的“标配”。

可没想到的是，新的问题又出现了。

一个火急火燎的电话打到了党员服务队,前门西大街 71 号院赵希均的遥控器丢了。

46 岁的赵希均是独居的低保户，腿部残疾。队员们把他列为重点服务对象，经常上门服务，帮着更换老旧线路，还配置了跟戴奶奶家一样的小夜灯。

放下电话，队员们赶紧奔向 71 号院。经过一番查找，终于在沙发缝隙里找到了遥控器。不知道遥控器随手放在哪里的苦恼，不止赵希均一个人遇到过。

为此，队员们利用周末休息的时间，到灯具市场四处打听有没有解决这种问题的产品。有人脑子灵活，想起如果手机忘了放在哪儿，可以打个电话顺着铃声去找，“要是遥控器也能出声就好了”。

队员们马上行动起来，在小夜灯身上安装了一个小按钮，一旦遥控器找不到了，按一下这个小按钮，遥控器就能发声发光。

借着这个机会，他们索性搞起了升级。遥控器的显示屏增添了时间显示，小夜灯的外形也重新设计，有的是娃娃，有的是中国结，摆在家里多了几分情趣。

如今，党员服务队已经用自己的日常捐款，为服务对象安装了 4562 盏小夜灯。

国家电网首都电力
共产党员服务队
城区供电公司分队 007

在国家电网公司 QC 成果评审发布会上，这个创新成果还获得了一等奖。

当然，在党员服务队员的心里，时刻记挂的不只有小夜灯。

天黑了，前海东沿社区的北官房胡同，伸手不见五指。

“哎哟”，黑暗里传来一声痛苦的呻吟，住在胡同里的赵淑月老人摔倒了。旁边的路人赶紧扶起老人：“这条胡同没有路灯，我上小学的女儿晚上都不敢出门，老人家更要当心啊。”

“我们马上去看！”听到这件事，党员服务队立即来到现场。

经过勘查，队员们发现北官房胡同巷道口只有 2 米宽，仅能容纳两人推车对面错过，根本没有办法架设常规的电线杆，夜间照明成了老大难。

“要是有不用进线的灯就好了。”不到一周的时间，队员们找来了七八种灯，逐一进行效果测试。既要实用耐用，又要安全可靠，还能装进这么窄的胡同，更不能影响居民通行，各种要求堆在一起，确实让人伤透了脑筋。

几经周折，队员们找到了一种体积小巧的太阳能路灯。灯头上有一块手掌大小的多晶硅太阳能板，内置 0.5 瓦高照度 LED 灯泡，白天“自动充电”，晚上自动开启，不需接入其他电源，绿色节能，正好适合安装在狭窄的胡同内。

很快，北官房胡同的夜晚有了光明。雪白的磨砂玻璃灯罩，黑色的花枝造型支架，古色生香的路灯与灰色砖墙映衬成趣，尽显老北京胡同的古朴淳厚。

赵淑月老人高兴地合不拢嘴：“晚上出门，再也不用担心磕着碰着。党员服务队就是好！”

“首都电力共产党员服务队牛街西里社区服务站联系人：李松，电话：……”这是牛街西里社区工作站墙上的服务牌。如今，这样的服务牌已经覆盖北京核心区的 32 个街道，只要居民遇到任何用电困难，随时都可以找到党员服务队的“红马甲”。

如今，党员服务队实施的“六进三送”和“五心服务进万家”工程，已经实现了走到哪里，就把用电难题解决到哪里的目标。

2018 年，继“心心点灯”志愿项目获得第三届全国青年志愿服务大赛金奖以后，首都电力城区共产党员服务队又获得国家电网公司授予的“金牌服务队”称号。

日复一日，党员服务队队员们的爱心，成为点亮万家光明的“火种”。

“红马甲”来了

⊙ 国网北京朝阳供电公司

大年三十帮着独居的老大爷买电，顶着寒风给老旧社区的漆黑小路安装路灯，定期为福利院和农民工子弟小学排查电力隐患……在朝阳供电公司，有这样一支专做好事的队伍，它就是国家电网北京电力共产党员服务队朝阳分队。

在队长王小宁的带领下，服务队年轻的“红马甲”们人人都是热心肠儿，给用电客户带去感动和震撼。就连名声显赫的“朝阳群众”，都情不自禁地伸出大拇指为他们点赞。

2018 年 7 月的北京，天气异常闷热，雨水又格外多，一边是迎峰度夏，一边是消隐防汛，社会求助接踵而至，这可忙坏了朝阳供电公司的“红马甲”。

“王队长，我这儿是晨光脑瘫康复中心，空调好像被大雨淋出了问题，现在运转不了，能赶紧帮着检查一下吗？”一大早，焦急的求助电话就打到服务队。

“好的，您别着急，我们马上赶过去！”

此刻，倾盆大雨还在下个不停。“红马甲”们冒雨紧急出动。

“你们可算来了！教室窗户太小，空调一坏，60 多个孩子都热坏了。”晨光脑瘫康复中心的刘老师等在门口，见到如同神兵天降的“红马甲”，就像见到了救星。

经过认真排查，服务队员确认是中央空调的闸盒漏水，导致保险丝断裂。他们立即冒雨断电换闸。不一会儿，空调正常工作了，队员们的衣服却被淋得湿透了。

大家刚想喘口气儿，求助电话又来了。“八棵杨社区 3 号楼的爱心卡用户张奶奶家停电了，能麻烦你们来看看吗？”

“好的，马上出发！”队员们顾不得擦干脸上的汗水和雨水，就冲向八棵杨社区。

在这个早晨的倾盆大雨里，电力人的“红马甲”如同“最美逆行者”，逆雨而行，送去光明和希望，成为北京城一道温暖的风景线。

其实，服务队已经是晨光脑瘫康复中心的老朋友了。

6 年前，因为一次偶然的机会，朝阳供电公司的党员服务队遇见了这群特殊的孩子，从此开始了倾注情感的长期帮扶。

由于身体障碍和心理封闭，脑瘫儿童与社会脱节严重。但是，交流过程中队员们发现，有些表达困难的孩子，很乐意用画笔绘出自己心里的斑斓色彩。

大家集思广益，想出“教画画，办画展”的办法，借此让脑瘫儿童进入社会公众的视野，赢得更多的社会关心。

雷厉风行，说干就干，这是党员服务队的风格。他们第一批选择了 15 个脑瘫儿童，从北京 798 艺术区招募了 10 名画家志愿者，找到专门的场地，每周进行 15 个小时的绘画培训，整个培训周期确定为 3 个月。

孩子们接受培训的时候，服务队忙着准备一份特别的儿童节礼物——办一次脑瘫儿童的画展！

从邀请嘉宾、联系场地、挑选作品到搬运画架，队长王小宁全程统筹，年轻的队员们四处奔走。工作的时间里，他们在帮扶点和爱心卡用户家里忙碌。好不容易到了周末，他们又穿梭在晨光脑瘫康复中心和画展举办场所。

《24小时》 国际残疾人日：脑瘫儿童用画笔抒发心灵世界

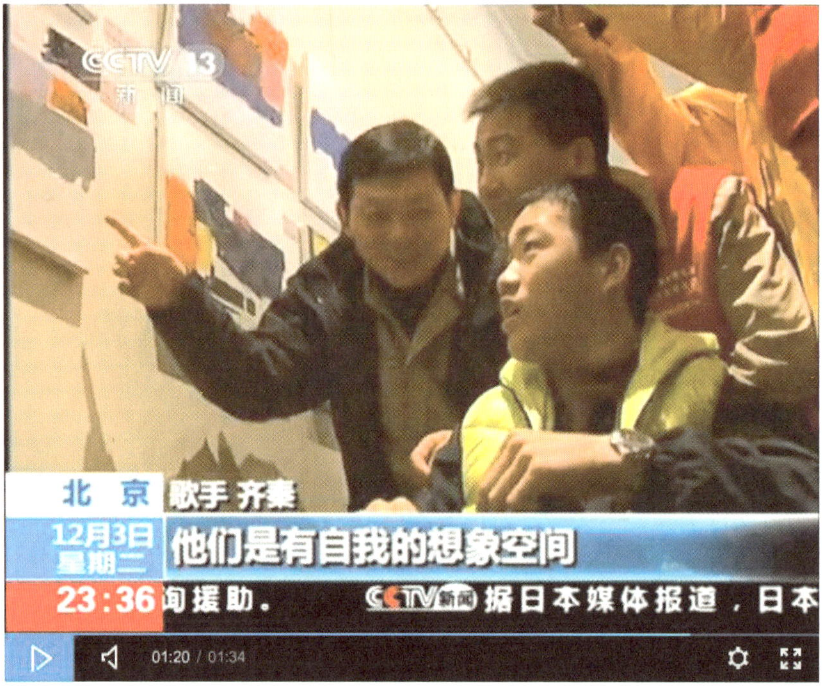

6月1日，一场特殊的画展准时开幕。稍显简陋却爱心满满的画展场地，迎来了一群开心的小画家。看到自己的画作被展示出来，这些脑瘫儿童咿咿呀呀地说个不停，脸上呈现出从未有过的兴奋表情。

这一刻，“红马甲”们和孩子们一样乐开了花，他们早已忘记了这些日子里付出的辛苦和汗水。

日复一日的汗水与爱心的浇灌，收获的是来自四面八方的肯定，当然还有挂满一面墙壁的锦旗。

不过，对党员服务队的“红马甲”们来说，更珍视的还是在服务过程中感受到的厚重情谊。一次帕金森症老人颤巍巍的握手，一本独居耄耋老人回赠的《弟子规》，一个福利院孩子的甜甜微笑和紧紧拥抱，就足以让队员们甘之如饴。

美丽中国

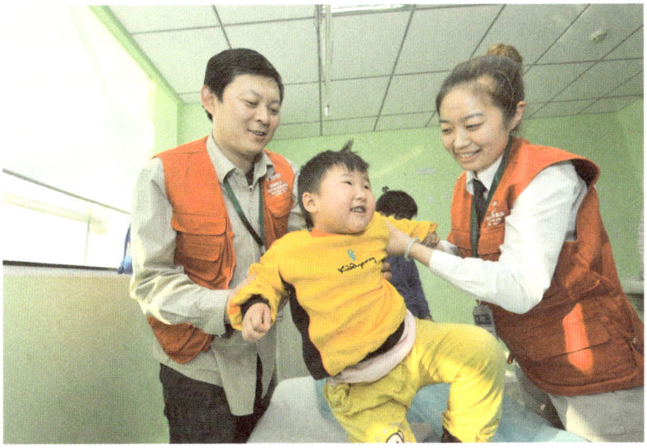

把爱留在您身边

⊙ 国网北京经研院

“哥哥，你叫什么名字？”

“我叫李俊。”

“李俊哥哥，你叫什么名字？”

“哇！你的问题好难，哥哥回答不出来。”

这是昌平区福利院里的一段对话。一位残障小朋友拉住国网北京经济技术研究院志愿者李俊的手，开心地不肯松开。

这次来福利院，李俊给孩子带来了两节五号电池，这是上次他们的秘密约定。李俊把电池装在孩子的收音机里，孩子听到收音机又开始唱歌了，笑得更欢了。

从4年前的不经意邂逅，再到现在的牵挂不舍，包括李俊在内的经研院志愿者们，觉得自己的人生经历了爱的升华。

“那还是2014年底，党委书记带着我们来到昌平区福利院。看到那么多的孤寡老人和残障儿童需要帮助，大家赶紧忙碌起来，我甚至责怪自己为什么没有早一点儿过来。”李俊说。

由此开始，李俊成了最忠实的志愿者。从昌平区福利院、广安门怡乐园敬老院、香山老年公寓到红莲打工子弟小学，都有他们的身影出现，帮着忙这忙那，干杂活儿，陪老人和孩子说话。

连续4年，李俊每年志愿服务的时长都超过120小时。在经研院上百人的志愿服务队伍中，像他这样的志愿者骨干足足有20多人。

每次来到福利院，经研院的志愿者都会分成三队。一队和管理员在一起，帮着给婴幼儿换衣服和整理床铺；一队和孩子在一起，陪着做游戏、玩拼图和讲故事；一队和老人在一起，陪着聊天儿散步，聊聊饮食起居和身体状况，帮着剪指甲和梳头发。逢年过节，他们还会带去米、面和水果，送出的既是慰问品，更是关爱和希望。

2013年，经研院志愿者第三分队和年轻的肌萎缩侧索硬化症患者王甲成了好朋友，慢慢建立了同龄人之间的深厚感情。

王甲原本是一个乐观向上、身体健康的小伙子，从东北师范大学毕业后，成为中国印刷总公司的设计师。他身高1.84米，热爱运动，是篮球场上的健将。

变故说来就来。肌萎缩侧索硬化症的病魔盯上了这个性格开朗的年轻人。短短几年，他的身体不可抑制地迅速枯萎。从攥不住牙刷，一直到几乎不能自主呼吸，根本离不开人。年迈的父母只好卖掉老家的房子，守在北京照顾孩子。

不管病情再怎么恶化，王甲的意志却从来没有被打倒。志愿者们第一次见到他的时候，想的就是帮帮这位不幸的年轻人。然而，几次接触后，大家都被他自强不息的精神深深感染。

志愿者们的到来，让王甲也很开心，在眼控仪的屏幕上打出“欢迎”两个字。能够进行的对话太简单了，没有声音，没有段落，甚至都没有标点符号。但是，同龄人之间的沟通交流，却让王甲感受到难得的快乐。

对于自主呼吸困难的肌萎缩侧索硬化症患者来说，冬天是饱受折磨的季节。每年的这个时候，王甲都要经历几次生死劫难。每次进出医院，经研院的志愿者都赶过来开车接送，陪着他一起和病魔作战。

有一次，北京电视台《养生堂》节目邀请王甲当嘉宾。志愿者像往常一样赶来陪护。两三个小伙子一起动手，抬他下楼上车。

开车的时候，因为王甲插着的呼吸机不能剧烈震动，司机师傅一路神经紧绷，尽量不刹车不并线。幽默的王甲用眼控仪说：“同志们辛苦了！”志愿者们异口同声地回答：“为大甲服务！”节目录完了，志愿者们又把王甲送回来。

在为王甲提供服务的同时，每一个志愿者都得到了自我精神的滋养。大家意识到，“志愿帮扶”并不是俯视的施舍，而应该是平等的互助。

暑期是北京的用电高峰，研发、建设、运维的任务很重，很多经研院员工都无暇顾及自己的孩子，却把福利院孩子的事情记挂在心上。他们利用自己的特长担任助教，为孩子们开设影视赏析、插花、彩铅绘画等素质课程，陪伴孩子愉快地度过暑假。

充满温情的志愿服务，赢得的是发自内心的感激。敬老院的老人为志愿者服务队送来了书法作品，快递小哥为志愿者送来了锦旗，王甲更是在新书《不可阻挡》里，写给志愿者服务队一封没有标点符号的感谢信。

一路笑语，一路欢歌。在用时间和汗水抚慰着那些需要帮助的人的同时，经研院的志愿者们经受着精神的洗礼，更加深刻地体会到“奉献、友爱、互助、进步”的志愿精神，并在这种精神的感召下，继续努力奉献，努力收获。

援藏日记

⊙ 国网北京大兴供电公司

每个人心中都有一个西藏。

马珣心中的西藏记忆，建立在实实在在生活在西藏 365 天的光阴中。

作为国网北京市电力公司的代表，2016 年 5 月，大兴供电公司员工马珣，远赴西藏当雄，参加为期一年的援藏工作。

“这一年，你收获了什么？”有人问时，马珣就指着自己黝黑的面庞说：“看，全写在脸上了。”

当然，这不过是一句寒暄，马珣对西藏这片土地复杂而深刻的情感，远比肤色的变化来得更浓烈。那些无法一一为外人详述的内心，忠实地记录在了这个北京爷们儿的援藏日记中。

【夏丨“高反”是高原的见面礼】

2016 年 6 月 1 日　星期三　天气晴朗

昨天清晨，女儿正在熟睡，我悄悄告别了妻子，离开了可爱的大北京。因为航班延误，经过十多个小时的飞行，终于在晚上 7 点多抵达了青藏高原这片神圣的土地。

还没来得及欣赏圣洁的雪山，高原反应就给了我一个下马威！刚下飞机，我隐隐觉得头晕、头疼、喘不上气儿，昨晚几乎一夜没睡……高反对人的冲击比我想象的更剧烈。一同前来援藏的另一位同事甚至因为严重的高原反应被送进了医院。临行前的壮志豪情被现实击倒，我的心情越发失落……

还好，拉萨供电公司的同事们热情又细致地关照我们的起居和身体状况，给我们讲解高原医疗的知识，帮我们正确认识“高反”——接下来的一年将是“与高反同在”的一年。

2016 年 6 月 6 日　星期一　天气晴朗

过去一周，我的身体经受住了考验，总算逐步适应了这种“与高反共存”的生活状态。今天，我正式到当雄供电公司报到上班了！

当雄，在藏语中意为“挑选的草场”，位于西藏自治区中部，藏南与藏北的交界地带，平均海拔 4300 米以上。跟当雄比起来，海拔 3000 多米的拉萨可以算得上是“氧气充足区”了。

同事的热情好客，让我既安心，也对今后的工作有了冲劲儿。

工作上，我计划先整理台账，了解设备运行状态，合适的时候，尽快组织同事到我们大兴供电学习培训。马珣，加油！

【秋丨赛马的汉子你威武雄壮】

2016 年 8 月 26 日 星期五 天气晴朗

今天，我们终于圆满完成了藏族人民传统节日——“当雄赛马节”的保电工作，而我的皮肤也快晒成了黑炭。

早在比赛开始前两周，我们就发动全员力量投入业扩工程。当雄供电公司共有 30 多位员工，男同志在牧区草场上安装箱变，女同志则承揽了全部后勤工作。

赛马节开节以来，我们一边在赛马场保电，一边和藏区同胞欢度节日，特扎实、特自在！蓝蓝的天空下，是初秋广袤的牧场，还有热闹欢乐的藏族同胞。

现场的施工任务是紧张的，但每次，女同事送餐到现场，大家在牧场草地上席地而坐围成一圈儿吃饭时，都是最愉快的时光。同事们说笑着，我感受到了大家为了同一个目标努力奋斗的凝聚力，一种叫“幸福”的感觉，悄然而至。

刚才，和女儿视频时，她没能认出晒成黑炭的爸爸，认出之后又哭闹着要我从手机里“钻出来”，最后只好匆忙挂了电话……离开北京三个月了，想家。

藏 A-M 0398

【冬 | 风灾情人节】

2017 年 2 月 15 日 星期三 大风

昨天，应该是我有生以来最难忘的一个情人节，当雄遭遇风灾！

12 级大风就像马一样嘶吼着，沙尘暴遮蔽了当雄的蓝天和美丽的草原。从单位值班室看出去，外面一片昏天暗地。风卷着狂沙猛烈打着值班室的玻璃窗，就像地震一样。我心里已有不好的预感：恐怕一些薄弱的架空线路要撑不住了。

真恨自己这张乌鸦嘴啊。下午 5 点多，屋里的灯突然黑下来——停电了！

作为分管安全生产的负责人，我立即调集抢修班组的全部同志对最可能出现故障的薄弱环节逐个排查。大家从东西南北数个方向分头排查，有的同事甚至是独自一人开着车，义无反顾地冲进了风沙中……经过艰难的抢修，晚上 11 点 23 分，故障排除完毕，值班室终于来电了。

还没来得及喘口气，我们又收到消息：到现场抢修的藏族同事尼斯驾驶的车没油了，一个人搁浅在沙原上，而他的手机很快就要没电关机了。这种风灾天，如果不及时救援，后果不堪设想！当时也没多想，我立即带着汽油开车去找他。

找到他的时候，尼斯开的车半个车身都已经埋在了沙里。我们在肆虐的风沙中一起推车，感觉肺都快喘出来了，眼睛、耳朵、嘴、鼻子里全是沙子，而周围伸手不见五指……

当时的情景，不堪回首啊。总之，第二天凌晨，我们终于全部安全回到了宿舍。我洗脸时，半盆水洗出了一盆底的泥沙。

【春丨扎西德勒！我的当雄】

2017 年 2 月 27 日 星期一 寒冷

这个月，在我的积极倡议和组织下，当雄供电公司开展了企业职工技能竞赛。大家把从大兴供电公司学到的专业技能应用到比赛中，取得了不错的成绩，还涌现了几位技术尖兵，技工的平均水平比我刚到这里时进步了一大截，我很欣慰。

前几天，在藏历新年来临之际，我还组织开展了“抢抓机遇、争创优势、再创佳绩”为主题的节日慰问活动，感触太深了。

我们提着米面油去藏族老乡家中送温暖，慰问住在牧场深处的员工，向每位员工献上洁白的哈达和新年的祝福。2016 年，在我们援藏干部来了之后，当雄供电公司第一次实现了扭亏为盈，我感到由衷的欣慰和自豪！

崭新的 2017 年开始了，即使我们将在几个月后结束援藏工作，即使我们将依依不舍地告别这片美丽的土地，即使我们没法完全改变当雄电网薄弱的现状，但至少，我们在这里工作过、奋斗过、收获过，我们曾经开怀大笑，也曾泪洒风中，这一切都让我感到幸运又幸福。

春天来了，扎西德勒！我的当雄。

【后记】

一人去帮扶，千人做后援。在马珣援藏帮扶期间，国网北京大兴供电公司上下一直在关注着他，为他提供着强大的支撑——协助制定工作规范、援赠工器具及防寒工装、组织技术能手赴京培训……在援助帮扶的过程中，北京大兴与西藏当雄间的距离也变得不再遥远。

马珣的援藏日记到这里告一段落了，但是电力人的援藏故事并没有结束。

2017 年，国网北京大兴供电公司再次选派了梁中、孙玉东两位同志前往当雄，在这片美丽圣洁的土地上，用青春和奉献书写属于他们的故事。

每个人的心中，都住着一个西藏。

北京电力人心中的西藏，是扎扎实实“干”出来的。

尼木灯火

⊙ 国网北京顺义供电公司

7 月的青藏高原，是一年中最好的时节。

熹微的晨光透过云层，映得草地上一片油亮。远处的雪山纵横延绵，也许是海拔高的关系，蓝天似乎触手可及。

帐子门口的藏族阿妈正在用织机给自家女儿织着节庆要穿的邦典（毛织围裙）。

到了傍晚，几家人凑在一起，男人喝酒谈天，女人在一旁准备吃食，小孩子玩着自己的游戏。

夜深了，照明靠蜡烛，取暖靠牛粪，炉上的小火永远煨着一壶酥油茶，时光也好像变得缓慢起来。这样质朴而简单的生活，当地人已经过了许多年。

阿妈原本以为，自己也会如父辈一样，如此度过一生。直到遇到一群从山外来的人，给他们的生活带来了巨大变化。

2015 年底，国网北京顺义供电公司与西藏电力尼木县供电公司建立了对口帮扶关系。从此，尼木的灯火越来越亮。

【镜头1】

坐在尼木县供电营业厅的前台，阿旺显得有些手足无措。

来营业厅之前，阿旺觉得就是来签个字，确定自家藏香作坊新增容的电可以正常使用。可是，他怎么也没想到，手续很简单，却又如此“复杂”。

看着眼前摆着的一份《供用电合同》，汉语不好的阿旺犯了难。

“您拿着这份合同，日后如果出了什么问题，可以凭着这份合同找到相关部门进行协调解决和投诉。”面对阿旺的疑问，工作人员一遍遍放慢语速耐心地向阿旺解释着合同的用途。

对阿旺来说，“签合同”这么正式的“仪式”，他的确还不习惯。

看出阿旺的心思，工作人员连忙再次解释，“合同是维护咱们双方权益的，是一种正式的约定。这和咱们藏族同胞看中承诺和信任是一样的”。

终于，一切都弄明白之后，阿旺稍显黝黑的脸上露出了朴实的笑容，在合同上不熟练地签下了汉语名字。

【镜头2】

下课铃一响，次仁迫不及待地拿起早已收拾好的书包往家赶。

年初，家里新装了无线网络，次仁和小伙伴约好了，这个周末要在游戏中一较高下。

次仁的母亲卓玛在灯光下仔细阅读着智能手机的说明书。她期待可以马上和在市里打工的丈夫通个视频电话。

在过去的很长一段时间，次仁都过着“两极”生活：白天，在援建的现代化学校学习，各种设施应有尽有。晚上，回到简陋的家中，得赶在太阳下山之前做完作业，否则，夜幕降临后，还没通上电的家，他就只能凑着微弱的烛光做作业了。时间长了，眼睛被熏得红红的，很难受。

自从 2015 年国网北京顺义供电公司与尼木县供电公司建立对口帮扶关系后，次仁发现，很多小伙伴家里都逐渐通上了电，自己家也是。

现在，家里有了电，还装上了网络，他的生活再也不用在现代和落后之间每天切换了。每到夜晚，家里灯光明亮，24 小时的明亮生活，让次仁感到无比幸福，明亮的大眼睛露出了高兴的神情。

【镜头3】

普布是一位牧民，几杯青稞酒下肚，开始说起了上次停电的事儿。

那天早晨，普布起床后发现不知何时停了电。前些年，家里停电是常事儿，普布原本想和往常一样等到放完牧晚上回家再来解决问题，临出门时看到了上次供电公司来家里检查线路时留下的名片。

灵机一动，普布决定试探下这帮大城市来的人，是不是也和他们一样守信。

普布拨通了电话，和电话那头的小伙子说明情况后，就守在村口等着。

过了三四十分钟，普布隐约看到道路远处扬起烟尘。不一会儿，土路上颠簸着开来一辆小皮卡，电力公司的人来了。

经过检查，工作人员发现情况比想象的严重——10 千伏的配电线路断了。

普布赶紧招呼附近几家的男丁，帮着供电公司的小伙子一起忙活起来。藏族同胞和刚刚到这里的“客人”很有默契，不到 2 小时，故障消除了。

普布热情地邀请客人们到家里喝几碗酥油茶歇歇脚，但他们婉拒了邀请，跳上车又赶往下一个抢修现场。

普布嚼着草梗，看着远去的烟尘，觉得这群客人还真是有点意思。

【后记】

尼木县位于西藏中南部地区，距离拉萨 147 公里。虽然尼木县地理位置并不算偏僻，但电力基础薄弱。

2015 年，国网北京顺义供电公司与尼木县对口援建后，就开展了新农网改造工程。麻江乡、续迈乡、吞巴乡这些经常因为线路故障停电的地区，供电更加稳定了，到 2017 年底，更是实现了尼木全县所有区域的供电覆盖。

如今，在充足而稳定的电力供应下，尼木县内居民的生活更加惬意。草原上，点点灯光，城里乡间，除了闪烁的电灯，还有家家户户的欢声笑语……

第五章

先 锋

峰高无坦途，登攀无止境。努力超越、追求卓越之路上，唯敬业者进，创新者强，奉献者勇。

不忘初心，旗帜领航。他们奋力在服务党和国家工作大局中争当先锋，在服务北京新时代发展中争当标兵，在服务国家电网公司新时代战略中争当排头。

他们信念坚定，步履坚实，以行动和作为践行着“人民电业为人民”的宗旨，为了百姓更加美好的幸福生活，逐光而行，无怨无悔。

旗帜领航

⊙ 国网北京市电力公司

左环沧海，右拥太行。北枕居庸，南襟河济。

每到夜幕降临，北京华灯初上，国际大都市魅力四射。

城市的发展，离不开可靠的电力供应。市民的生活，离不开高效的供电服务。作为首都最重要的能源支柱，国网北京市电力公司2.3万余名员工齐心协力，正在创造更加美好的城市生活。

从政治保电到重点工程，从支撑经济建设到服务百姓民生，每一个急难险重的关键时刻，北京电力组建的共产党员突击队、共产党员保障队和共产党员服务队都会挺身而出，干在前，走在先，彰显先锋本色。

【“挑最重的担子，啃最硬的骨头”】

2017 年 2 月，习近平总书记在北京考察，要求抓好城市规划建设，筹办好北京冬奥会，努力开创首都发展更加美好的明天。

落实中央部署，北京重大项目建设全面提速。以城市副中心、新首钢、新机场和冬奥会的配套电网建设为标志，高起点、高标准建设世界一流电网的重任，成为国网北京电力的使命和担当。

毫无疑问，这是一次前所未有的电网建设攻坚战。最重的担子需要有人去挑，最硬的骨头需要有人去啃。

响应国网北京电力党委的号召，83 支共产党员突击队的旗帜，迅即高高飘扬在重大工程现场。

通州，城市副中心行政办公区建设工地，打桩机和吊车的轰鸣声一阵紧过一阵。3 座配套 110 千伏变电站按期投运的任务，落在城市副中心电网建设党员突击队员的肩头。

为了保证工期，党员突击队队长高杰和队员们殚精竭虑，前期协调、物资供应和安全质量成为突破重点。依照分工，队员们每天至少两次到现场巡视，一旦发现问题，随时协调施工方和监理方解决。每周一次的例会，集中排查影响工期和质量的隐患，为后续更复杂更烦琐的施工打好基础。

“这是荣誉更是责任，一定要拿出党员的拼劲儿来。”蒋晨是市府西变电站的项目经理，不过他更看重自己的另一个身份——党员突击队队员。

市府西变电站是蒋晨第一个独立负责的工程，也是 3 个配套站中建设工期最短的一个。工程前期勘探时，站址下面发现古墓，需要进行文物保护，开工日期一推再推，让蒋晨倍感压力。

“工程的关门时间是定死的，晚一天开工，工期就压缩了一天。在保证施工质量的前提下，施工速度只能更快。”蒋晨说。

那些日子，蒋晨在焦灼中挨过每一天。白天，他守在现场对接文保工作进度，做好前期施工准备，力争文勘结束能够立即开工。晚上，他回到办公室研究工程组织流程，把串行的流程改为并行，把能够加班加点来提速的工序一一标注清楚。就这样，市府西变电站提前投产送电，成功挑战电网建设周期的极限。

党员突击队的旗帜，不仅飘扬在城市副中心电网建设现场，也同样飘扬在每一个需要艰苦拼搏的地方。

在新机场建设工地，党员突击队的队员们切换到“白 + 黑”的工作模式，全面对接新机场建设需求，带动所有参建人员忘我劳作，提前完成了 110 千伏张华变电站建设任务，首次使用移动变电站解决了新机场联调联试的电源问题。

在顺义“煤改电”工程的第一线，面对被视为“天方夜谭”的近 10 万户改造任务，党员突击队队长潘新征立下“军令状”：“采暖季前完成全部改造任务，把不可能变成可能。”最终，整个工程提前一天竣工，党员突击队交上了一份合格的答卷。

国家电网
共产党员

保卫首都蓝天 创造美好生活
清洁供暖服务日

【“关键时刻，党员就是主心骨”】

北京，重要党政机关云集，重大政治活动频繁。

再小的事，放到首都都是大事。北京的供电保障，更是如此。平均每年300多天的政治保电，时刻考验着国网北京电力。

2017年10月，党的十九大会议在北京召开。提前33天，北京电力正式进入“保电时间”。

“牢记使命、践行承诺，确保供电万无一失！”面对鲜红的党旗，国网北京电力共产党员保障队庄严宣誓。

党课是保电筹备的第一堂课，党员保电誓词是保电口袋书的第一页内容。整个北京，每一基铁塔均有2到3名保障人员值守，其中至少包括一名共产党员。7000余名共产党员全体上岗，发挥“一带二、一带三”的表率作用。

关键时刻，党员就是保障团队的主心骨。

500千伏昌海线是党的十九大供电的“主动脉”，全长170余公里，188基铁塔近一半在妙峰山上。检修分公司第五战区输电共产党员保障队迎难而上，担负起昌海线的巡视保障工作。

队长王雅斌将7名党员分进7个小组，每个小组负责一段线路，每天24小时不间断开展巡视。上山没有路，他们就手脚并用踩着石头缝隙爬上去。秋雨连绵，山路变得更加泥泞，突击队员们没有半点犹豫，每一次都是冲在前面。

党的十九大保电期间，国家电网公司统一调度，1700余名支援人员从山东、河南等地进京参战。为了帮他们解决后顾之忧，国网北京电力专门成立了党员综合服务保障队。

保障队员王金禄的任务，是负责河南电力 251 名支援人员的后勤保障。在支援人员到来之前他就把 116 基输电铁塔的位置、特点、环境摸得清清楚楚，逐一确定支援人员帐篷的搭建地点。

铲杂草、砸铁桩、搭帐篷、配物资，王金禄足足忙了十几天。当河南电力支援人员弓鹏走进帐篷时，眼前是摆放有序的几十样备品，从防潮垫、睡袋、湿纸巾、手电筒、花露水到方便面，应有尽有。“太周到了，我们只需要好好值守别的都不用操心。”弓鹏由衷地感叹。

共产党员保障队的旗帜，不仅飘扬在党的十九大的政治保电任务中，也飘扬在保障首都供电安全的最前线。

有一年冬天，第一场雪过后，北京西北部山区气温跌至零下 14 摄氏度，部分 500 千伏输电线路出现覆冰，危及电网安全运行。

险情就是命令，检修公司共产党员保障队连夜赶赴现场。

眼前的任务，复杂程度超出想象。由于输电线路都在山里，要具体确定覆冰的铁塔和线路，只能走遍所有山头进行排查。

没有半点犹豫，队员们跟着队长冯金忠冲进风雪中。下了雪以后，很窄的山路变得特别湿滑，旁边就是悬崖，大家只好手拉着手往前走。

50 米高的塔顶，作业面狭窄交错，冯金忠和队员们挥舞着木棒，一下接一下地进行除冰作业。寒风像刀子一样刺痛脸上的皮肤，他们却浑然不觉，心里只想着用最快的速度排除故障。

回忆起当时的场景，冯金忠没有后怕 :“关键时刻，党员就是主心骨。越危险，越需要共产党员冲上去！”

【“成为党联系服务群众的连心桥”】

如果没有共产党员服务队的贴心建议，王熙的心情说不定到了今天还在继续郁闷着。

王熙是中国京西皮影非遗园团长，这家传承皮影非遗文化的公益机构主要由袖珍演员组成，2017 年迁址到白水洼村后，演出场地和演员生活区域改善很大，却又产生了新的烦恼。

“我们和别的单位共用一块电表，容量不足老是掉闸。单独申请电表的话，十多万元的施工费用却又无法承受。”王熙说。

2018 年初，国网北京电力推出低压客户报装接电“三零”（零上门、零审批、零投资）专项服务行动。国网北京电力海淀共产党员服务队走访宣传时，恰巧来到中国京西皮影非遗园。

了解情况后，队员李一发现这处非遗园属于“三零”服务范围，王熙也当场表达了申请意愿。当天，李一向公司营销部门反映了情况。第二天，工作人员就赶来核实资料、勘查现场。

“经过核实，非遗园属于国家扶持的小微企业，我们全额承担低压项目表箱和以上设备设施投资，不需用户承担费用。”听到工作人员的这段话，王熙简直不敢相信自己的耳朵。

不需要王熙派人去跑营业厅，工作人员代办了报装手续。王熙甚至不用留在北京，照常带着演员去外地演出。几天以后，非遗园敷设了电缆，安装了计量箱，成功送电。

从那以后，李一和队员们一直惦记着非遗园。看到袖珍演员们坚持传承皮影文化，服务队决定把非遗园列为延伸服务对象，量身定制了“服务套餐”，

帮助解决了园区用电设施的安全隐患。

王熙被深深打动了，紧紧拉着李一的手："谢谢你们的雪中送炭，在非遗园最需要用电的时候，这真是实实在在的帮助！"

袖珍演员们同样被深深打动了。他们根据服务队为非遗园提供服务的故事，编排了皮影戏《电亮皮影城》并在剧团上演。

靠近的是距离，换来的是人心。李一和非遗园的故事，只是国网北京电力共产党员服务队真情服务的缩影。

日复一日，首都电力共产党员服务队成为响亮的社会品牌，演绎着共产党员的本色故事。"最美央企人"陈牧云、全国五一巾帼奖章获得者冯丽利的故事广为传颂，大兴供电公司的"红马甲在行动"项目还获得了中国青年志愿服务项目大赛金奖。

目前，共产党员服务队已经增加到 97 支，注册队员 2232 名，服务范围覆盖北京全部区域，惠及客户超 60 万户。送亲情服务、送阳光服务、送增值服务，他们用贴心、专心、安心、舒心、爱心，温暖着北京城，"成为党联系服务群众的连心桥"。

高压线上手术师

⊙ 国网北京昌平供电公司

2018 年 1 月 28 日，北京大工匠综合评审会现场，50 位专家评委和 100 位大众评委齐齐就座。

经过激烈的守擂攻擂比拼，20 位候选提名人脱颖而出，他们将角逐 10 位北京大工匠。

拥有 20 年电力工作经历的王月鹏，充满自信地走到 150 位评委面前，发表自己的成长感言。这一刻，他想起的是 20 年前和母亲说过的那句话：“妈，我喜欢做有挑战的事情，您要相信儿子。”

寂静的现场，如潮的掌声响了起来。王月鹏知道，他终于可以用成功去回报母亲的牵挂。

【学电的不干，让谁干？】

1998 年，18 岁的王月鹏从北京清河供电技工学校毕业，成了一名电力职工。

其实，王月鹏本可以凭借着优异的学习成绩找一份相对轻松安全的工作。可是，他却瞒着家里人选择了当时的大“冷门”——带电作业。

在电力系统中，带电作业属于特殊高危工种。尤其是 10 千伏带电作业，相间和对地距离非常小，稍有不慎，电网事故和人身伤亡事故瞬间就会发生，后果不堪设想。

王月鹏当然知道这份危险：“再危险的活儿，也得有人去干。学电的不干，让谁干？”

王月鹏从未后悔从事带电作业。真正让他一直内疚的，是自己瞒着母亲做出的这个选择。他知道，母亲最大的梦想，就是儿子平安。

然而，瞒了半年，秘密还是泄露了，母亲当场哭成了泪人。王月鹏手足无措，只能一遍又一遍地说：“妈，我喜欢做有挑战的事情，您要相信儿子。”

上学时很少挨呲儿的王月鹏，第一次跟师父作业，却被剋得很惨。

那天，师父带着王月鹏给一处破损了的导线换新线。当时没有升降斗车，师徒俩徒手爬上电线杆，师父在上方负责主要操作，王月鹏在下方打下手。

破损的导线剪开后，王月鹏需要用一根长两米、顶端带着操作钳的绝缘杆夹着导线，不能让导线和顶端的横杆接触。绝缘杆又长

又沉，王月鹏没举一会儿，手就开始抖，绝缘杆上的导线也跟着左右摇晃。

师父脸吓白了，厉声喝道："让你在哪儿，你在哪儿，瞎晃什么晃！"王月鹏被吼得不敢再动，可手还是哆嗦。

回到地面，师父告诉王月鹏："导线只要一和横杆接触，瞬时就能产生巨大的弧光，温度怕是几万摄氏度都不止，咱俩肯定一起玩儿完。"听了这话，王月鹏头皮发麻，心脏狂跳。

从那时开始，王月鹏一有时间就举着绝缘杆锻炼，在家里也要举哑铃、举椅子。日复一日，王月鹏的胳膊越来越粗，绝缘杆也举得越来越稳。

要做一名合格的带电作业技师，不仅需要过人的体魄，也要有手术师般精准的技术。冬天，王月鹏戴着三层厚重的防护手套，却能将直径 8 毫米的螺丝一一拧到位。夏天，豆大的汗珠从他额头流进眼睛，但技术动作依旧丝毫不乱。

凭着这份毅力和执着的精神，王月鹏练就了一身超凡本领。

【心如皓月　志远鲲鹏】

烈日，闷热，坐着不动都会汗流浃背。

电力施工升降车升到 12 米高，站在绝缘斗里的王月鹏，脸上的汗珠连成了线，不停地往下淌。但是，他手上的动作丝毫不乱。用绝缘毯包好带电导线，将准备接入处的导线剥开一个口，接入新的导线，再用电动紧螺母器固定好。

一根电杆、三条导线、万伏高压，王月鹏付出了太多的艰辛。

17 年前，密云城区有电力新用户接入，操作难度不大，操作环境却十分恶劣。由于高压线周围密密麻麻全是线路，绝缘斗车怎么调整都伸不到指定位置。

“我试试。”王月鹏主动请缨。

他蹲在绝缘斗里，头顶与绝缘斗的边缘齐平，一只手伸出去慢慢操作移动手柄，绝缘斗每次只能移动几厘米。最终，他克服层层阻碍，终于将绝缘斗移动到电缆最里侧的指定位置。

这还不算是最险的。

11 年前，北京国际自行车公路测试赛进行中，距离终点不远的一处线路杆出现故障，需要更换保险器。为保证赛事转播等工作不受影响，只能带电作业。

王月鹏赶到现场，倒吸一口冷气。线路杆上的绝缘绑线断了，悬在半空，距离横杆只有几厘米，“哪怕风稍大点儿，绑线碰到横杆，就会出现巨大的火球，情形跟爆炸一样”。

王月鹏没有犹豫，健步登上绝缘斗车。80 厘米见方的树脂绝缘板重达 10 多公斤，他稳稳地举起，慢慢平移插入绑线和横杆间的缝隙。更换绑线的 20 多分钟里，王月鹏做到了让树脂绝缘板纹丝不动。

3 年前，一处线路杆的绝缘子遭到雷击损坏，由于带电情况下无法使导线与绝缘子脱离，只能停电更换。现场的一位大姐声泪俱下：“我家里还有人戴着呼吸机，停电了人怎么办？”

处理完这次故障，王月鹏疯狂地查找资料，不停地进行实验，终于和团队研发出“抱立杆型导线固定装置”。再碰到这样的故障，就可以带电作业了。

卓越是一种习惯，这在王月鹏身上得到完美的体现。岁月流逝，他从一位普通的技校学生，成为国家电网公司聘任的生产技能专家。他参与修编的《北京市电力公司 10 千伏架空配电线路带电作业操作规程》，一直沿用至今。

【万伏高压线上的“手术师”】

2018 年，首届北京大工匠选树活动启动，37 岁的王月鹏进入选拔赛。

看到参赛名单，王月鹏心头还是一紧，竞争对手都是带电作业的前辈和师长，压力巨大。

比赛时值寒冬。包括裁判在内的现场工作人员，都穿上了厚厚的羽绒服。但是，为了不影响操作质量，王月鹏决定只穿单衣上阵。

开赛前，王月鹏裹着大衣，围着场地一圈一圈地奔跑，努力保持身体的温度。轮到他上场的时候，他迅速脱掉大衣，冲到杆下，麻利地上杆，利落地操作，每一步都十分熟练，有如特战队员一般，动作干净漂亮。

闯过一关又一关，凭借着卓越的实力，王月鹏脱颖而出，最终获得北京大工匠的荣誉，被赞誉为“万伏高压线上的‘手术师’”。

荣誉等身，王月鹏没有骄傲和自满。

工作的时候，他还是穿着那身普通的工作服，奔走在带电作业的第一线，兢兢业业地处理险情，研究作业方法。在他心中，维护好万伏高压的安全，比什么都重要。

路途漫漫，前方不仅有鲜花争艳，也还会有荆棘丛生。王月鹏始终记得母亲给自己取的名字的寓意——心如皓月，志远鲲鹏。他知道，唯有知难而上，才能不断走向人生的又一个高峰。

京AA1299
A1299

打破封锁

⊙ 国网北京检修公司

看到从国外出差回来的父亲，儿子的眼神里充满了期待：“老爸，您这趟出门给我带了什么礼物？”

母亲接过丈夫手里鼓鼓囊囊的大书包，笑着嗔怪儿子：“你还不知道你爸，他出国能想着给咱娘俩儿带什么东西，还不就惦记着他那些带电作业的宝贝。”

高天宝是国网北京检修公司副总工程师兼带电作业中心主任，干了半辈子带电作业研发的他，如今成了响当当的专家，也从“小高”变成了“老高”。

身份变了，但高天宝的初心一点都没有变。

【打破技术封锁】

高天宝这个专家不是白当的，用同事的话来形容，那是“相当地有‘料’”。

2016 年，中国电力企业联合会全国电力职工技术成果评选揭晓，高天宝自主研发的“绝缘杆作业法带电接引流线新技术研究”项目荣获一等奖。

日本是电力技术的强国。不过，和日本同类产品相比，高天宝这套工具的作业方法和功能更加完善，引得日本专家都要多次来中国学习。

所有的这一切，还得从高天宝在日本受的“刺激”说起。

那一次，他去日本出差，在观摩东京电力公司带电作业现场的过程中，意外地看到了日本同行的一套绝缘杆工具。

当时，中国的电力工人进行带电导线的剥皮操作时，只靠一副绝缘手套进行防护，作业风险很高。

“作业人员距离带电体这么近，安全风险太高了。而且，要是在夏天，穿着这么厚的绝缘服，电工很容易因为劳动强度过大而脱水。”

日本的这套绝缘杆工具，既能够高效完成复杂操作，又能保持足够安全距离，正是高天宝梦寐以求的“好东西”。

激动的高天宝赶紧找到日本的设备制造商，却吃了一个闭门羹。为了保持技术领先，对方编造了各种理由推三阻四，根本不想卖给中国。

高天宝的心隐隐作痛。他知道，中国需要这些安全可靠的设备，中国的电力工人需要更加安全的操作。只有自主研发，才能打破国外厂商的技术封锁。

在日本的日子里，一有空闲时间，高天宝就背着双肩包走进大街小巷。只要看到正在工作的日本电力工人，他就守在旁边仔细观察，拿出小本子认真记录。

通常情况下，标准日本语课程需要 4 年时间才能完成学习。可是，为了让中国电力工人早日用上安全性能更好的设备，高天宝起早贪黑，仅仅用了半年时间就学完了，并开始大量阅读日文资料。

绝缘杆作业法创新成果
绝缘杆作业法创

【创新艰难前行】

创新之路布满荆棘，只有信念坚定的勇敢者，才能获得成功。

剥线器的研发困难重重，机械原理不容易搞清楚，材料更是大难题。高天宝请来工具制造企业和相关专家，组成了技术攻坚小组。

一开始，高天宝设计是用铸钢来做样品，但铸钢重量大，现场操作起来特别费劲。哪个部位该用什么材料，也前前后后尝试了许多方案，可就是不成功，“比如能咬合电缆了却剥不了电缆皮，好不容易能剥皮了，却又不能把电缆吐出来”。

开过了上百次技术交流会，设计方案和图纸塞满了两个大文件柜，样品试验进行了一次又一次，结果还是写满“失败”两个字。

高天宝备受折磨，夜里一闭眼睛，脑子里就全是构造图。

“日本人能够做到的，中国人为什么就不行？”高天宝不信这个邪，又请来机械构造专家修改优化设计图。2011 年 5 月，第一代样品终于研制成功。

2013 年 2 月，中国第一套自主研发的全套绝缘杆作业法带电套装工具诞生了，日本电气设备制造商的垄断和壁垒土崩瓦解。

“用了剥皮器后，相比绝缘手套作业法，不仅安全得多，而且效率提高了许多。”高天宝说，原来需要 90 分钟的活儿，现在只要 30 分钟。

在此之后，高天宝又先后研制出了安装 J 型线夹、恢复线夹绝缘和密封等全套专用工器具，创造性地完成了绝缘杆作业法带电接引新技术的研发。2016 年，在中国电力企业联合会全国电力职工技术成果评选中，高天宝自主研发的这套工器具被评为一等奖。

如今，这套工具已经在全国电力行业得到广泛应用。和日本同类产品相比，这套工具作业更加安全可靠，人员风险大幅减少，作业时间明显缩短。

【永远不忘初心】

在创新研发的道路上，高天宝从未止步。

他提出了全新的不停电作业方法——桥接施工法，成功地实现了将风险高、环境复杂的作业转换为仅需带电“断接引”就能安全完成的简单作业。

他主导完成了我国自主研发的世界第一台旁路作业车，不仅打破了国外厂家的价格垄断和技术封锁，而且大大提高了复杂带电作业的安全。

迄今为止，高天宝和他的团队研发出5种系列带电显示器、3种高压报警器和2种高压验电器，还有接地线、防误操作提示器等安全防护技术，先后获得北京市科学技术奖和11项国家专利。

身处首都，作为首都电力职工的一员，高天宝面前还有更大的目标：建设国际一流的国际城市，到2020年，北京四环路内、城市副中心、新机场等重点区域供电可靠率将达到99.9999%，户均年停电时间控制在5分钟以内，达到国际一流水平。

为了达到这一目标，多年来，高天宝与行业专家一道，先后编制了《配电线路不停电作业规范》《电缆线路不停电作业技术导则》《带电作业工器具手册》等重要规章，使带电作业规范从无到有。

高天宝的办公室里，摆满了安全规范与产品介绍。在他心中，这些直接保障电力工人安全的产品，远比荣誉证书、专家头衔更有价值。

从业35年，高天宝从未忘记自己的初心。他说：“让电网更安全，让所有从事带电作业的员工都平安，带着这份敬畏生命的初心，我要一直坚持下去。”

匠心之路

⊙ 北京电力工程有限公司

他是 20 世纪 80 年代的大学生，也是单位里当时唯一留在工地的读书人。

30 年来，他和电力科技工作者一起，填补了电缆领域的多项空白，从依赖外国产品到自主创新，一步步突破，一步步迈向更远的技术高峰。

他就是全国劳动模范——“国网工匠”张文新。

每当夜晚灯光亮起，北京城仿佛突然间披了件梦幻的外衣，光彩夺目。正是地下电缆运送的强大电能，才使它如此流光溢彩。

可能还有人不知道，北京五环以内，80% 的电能都是通过地下电缆传输。这中间有一半以上是经张文新的手安装的。

【留在工地上的大学生】

1988 年大学毕业后，张文新成为供电局工程处电缆班的实习生。到电缆施工现场的第一天，张文新就被眼前的场景镇住了：马路边尘土飞扬，一条三米深的土沟正在开挖，几个师傅灰头土脸，吃力地扯着电缆。

大学生张文新蒙了，满脑子的公式、数字、图纸，在这里似乎派不上用场。

没过多久，和张文新一起进来的两名大学生就先后调走了，他成了工地上唯一的大学生。

既来之，则安之。挖电缆沟、牵引电缆、生火烧沥青……几个月下来，他就把工地上的活儿干得有模有样了，这个憨厚朴实的小伙也得到了大家的认可。

20 世纪 80 年代，大都市建设如火如荼。但大街小巷里布满了蜘蛛网一般的电线，既影响城市美观，又存在诸多安全隐患。

城网改造、架空电线入地，成为当时电力部门的重要任务。张文新在这个改造潮中，开始显露锋芒。

在工地上，他跟着师傅们学习剥旧电缆铅皮。锋利的刀尖方向稍有偏离，就会划到另一只手，几乎每次剥电缆铅皮都会有师傅“挂彩”。

张文新一面低头干活儿，一面琢磨办法。

一个周末，他路过菜场的水产摊位，看见摊主从身旁的水池中抓起一条黄鳝，一摁一扯，黄鳝就被开了膛。

张文新一激灵，“这剖鳝鱼不就跟割电缆皮一个道理吗？”他立马赶回家拿出图纸研究起来。没过多久，一台名为“破缆机”的设备就出现在工地上。这让师傅们对这个“读书人”竖起了大拇指。

在张文新的众多创新成果中，破缆机并不起眼儿，但对他来说，这是发明创造的起点。

【创新路上的“背水一战”】

1999 年，知春路至西便门 220 千伏的进口电缆遭到外力破坏，双路供电变成单路供电。

在用电负荷较大的区域，这样的情况实属危急，如果剩下的那条电缆也出现问题，城市西部地区将大面积停电。但此时，国内高压交联电缆业务才刚刚起步。国内的电缆安装技术不能独立解决问题。如果为此专门请法国专家来，费用昂贵不说，办好各项手续就得一个多月时间。

“这哪等得起。”张文新硬着头皮接下了这个“烫手山芋”。他们找来了 220 千伏电缆备用接头，准备靠着说明书和安装师傅的经验操作。

法国专家知道后，认为中国人不可能独立完成安装。即使装好了，再出现质量问题，他们也不再负责。

时值春末，乍暖还寒。师傅们轮番上阵，四小时换一班。张文新盯着现场操作，两天一夜没合眼。

第三天早上，接头终于安装完成。单位领导将早餐送到了工地上，张文新竟捏着热腾腾的包子睡着了。

背水一战后，张文新说，那是他创新路上最重要的一步。他暗暗发誓，要通过努力，让电缆安装技术彻底摆脱对外国专家的依赖。

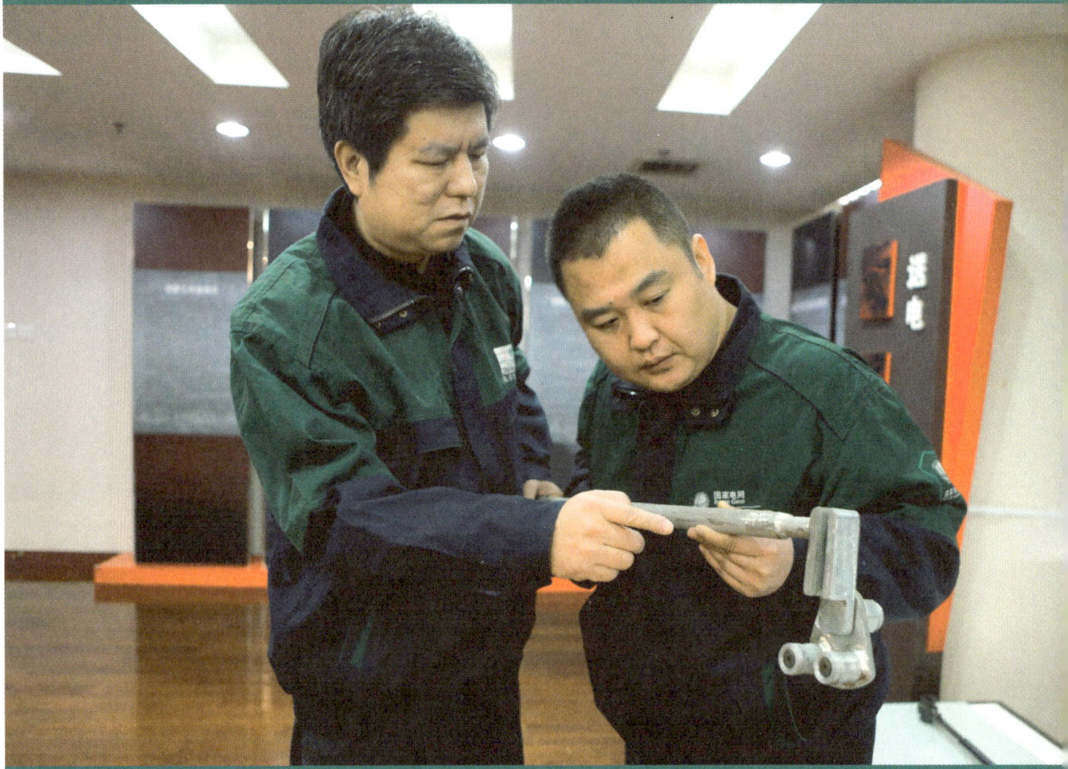

【照胃镜迸发出的灵感】

电缆从地下走，密封和绝缘是保证安全运行的关键。但电缆是分段埋在地下的,终端和中间的对接头由“应力锥”完成。这是电缆安全运行的薄弱点。

电缆接头一旦完成安装，就没法复查应力锥的质量，只能凭经验把这个“闷葫芦”交付试验。

“咱要是检测时能看到里面的情况该多好啊！”在一次施工中，一位老师傅对张文新说。张文新默默记在了心里。

2008 年，北京的一条 110 千伏电缆接头部分的应力锥爆炸。一检查，是从美国进口的价值 6 万元人民币的电缆附件。

工程公司找到了电缆厂家，可厂家却拿出应力锥的出厂检测数据，还手写了一份保证书，表明他们的设备没有问题。

没有现代化的检测设备，张文新他们就算再怀疑，也没法拿出证据，这让他懊恼不已，但也激发了他的那股倔劲儿，整日琢磨起来。

长期跑工地的人胃总不好。一次，张文新到医院做胃镜，计算机屏幕上，食道和胃里面的情况看得清清楚楚。就像菜市场里小贩解剖黄鳝一样,这一次，张文新又从生活中得到启发。“把医院这种视频检测头送进电缆附件内部，是不是也能看清里面的情况？”他心里盘算着。

没过几天，他再次跑到医院做胃镜，过一阵子，又去了一次。大夫很疑惑：“上次就讲了，你胃部问题不大……”

张文新连忙解释。大夫听了原委，哭笑不得，条分缕析地给他讲视频检测设备的工作原理，还给他提建议。

2010 年 9 月，经过前期探索积累和集中试验，张文新利用内窥镜原理实现了检测头对电缆施工质量的可视化检测。

当精确的电脑测试数据传到美国人面前时，供应商第一时间买了来北京的机票，扛着新的应力锥出现在张文新面前。

这才是扬眉吐气！

2010 年，“张文新职工创新工作室”成立，面对 500 千伏及以上电缆在投运前耐压试验的世界性空白，张文新又动了心思。

从 2013 年年初开始，张文新和团队的 70 多名技术人员，与施工人员一起开始研究。

2014 年 6 月 8 日，随着最后一路电缆耐压试验一分钟倒计时的结束，北京海淀区 500 千伏变电站主控室监视屏上的试验电压数值从 493 千伏降为 0 千伏，500 千伏电缆交接耐压试验一次性顺利通过。不过短短一年半时间，张文新和团队填补了这项空白。

2016 年，张文新带领大家研究总结电力电缆机械化施工方案，提高了施工效率及电缆施工的工艺质量水平，推动建设“施工管理型、专业技术型”施工企业，促进施工企业核心竞争力的提升。

2017 年，为应对路面塌陷或隧道火灾而造成电力电缆断线故障，避免引发大面积停电等事故，张文新带领团队研究快速接头安装工艺，极大地缩短了高压电缆线路故障临时恢复所需要的时间。

……

对于张文新来说，创新的路还很长。他将不断开拓前行，而这一路上，与他携手同行的电网人越来越多。

两个人的供电所

⊙ 国网北京怀柔供电公司

北京箭扣长城的雄奇壮美，令人啧啧称赞。就在这巍巍长城脚下，茫茫群山深处，有一个不为人知的“供电所”——怀柔供电公司雁栖供电所八道河分所。

1992 年，八道河乡与雁栖镇合乡并镇，八道河供电所原有的 6 名员工有 4 人调到山下的雁栖供电所，杨泉革和卢振印就成了八道河地区仅留的电工。年过半百的他俩，在这大山里坚守了 25 年，成了这里 860 多户村民随叫随到的电力医生。他俩像老黄牛一样奉献着自己的青春，以自己的肩膀，扛起了方圆 88.08 公里百姓的光明和幸福。

【大山深处的抢修】

2013 年正月初五的夜晚，天空飘起了雪花，一阵急促的电话声划破了雪地黎明的寂静。卢振印师傅赶紧拿起电话，值班调度员告诉他，“辛八路掉闸了”。

八道河地区地处怀柔最北端的深山区，只有辛八路一条 10 千伏线路，线路跳闸就意味着几百户居民断电。这边电话刚撂下，卢师傅就边掏手机给老杨打电话，边去库房拿防滑链。

过了半小时，杨师傅从家里赶到所内，老哥俩做好准备工作后就开始了查找事故点的工作。

说是一条线路，但它的长度也在 30 公里以上，最大档距在 1500 米上下，电杆大多在距地 400 米以上的山顶上，查线难度之大可想而知。此时，地上积雪足有 20 厘米厚。老哥俩深一脚、浅一脚，一步一步往山上挪，鞋子被雪覆盖，雪水浸湿了衣裤和鞋底，再加上风一吹，一阵阵刺骨的疼痛袭来。

大山深处白茫茫的雪地上，两个身影若隐若现，远远地只看见两束光在闪动。卢振印和杨泉革仔细勘查着线路，终于发现故障，是交界河村的一档支线线路被雪压断了。两位老师傅立即通知大部队人员到达现场处理，在最短的时间内恢复了线路。

忙活了两三个小时，老哥俩刚回到所里，正想好好暖和暖和，卢师傅的手机又响了起来，北湾村主任打来电话说二道沟村还是没电。经判断是低压线路的问题，两人还没来得及掸去身上的雪，就又驱车前往北湾村。

经检查，是变台附近一档低压线被雪压断了。其实可以让山下的同事们来救援，可是卢师傅和杨师傅心想道路太远，再让大家来一次，实在不忍心。

他们俩一合计，决定自己来处理这个事故！

冰冷的雪地里，两位师傅手脚已经冻得麻木，卢师傅的手不小心被导线划破，鲜血直流，但也只能忍着伤痛把线接好。随后，杨师傅穿上防滑脚扣登上电杆，卢师傅和村里两位同志帮着拽线，杨师傅艰难地把线放在线槽里，用力将线紧好，这时有村里的百姓欢呼：来电了，来电了！

两个人看着彼此狼狈不堪的样子，笑着说："像个落汤鸡，不对，是速冻落汤鸡！"这是他们抢修工作中最平常的一幕。

2016 年初冬，怀柔山区突降大雪，10 千伏线路接地短路，八道河又全部停电了。

卢振印二话不说，立刻开始准备巡线的装备。当他穿好衣服，打开家门时，眼前的景象让他惊呆了：整个路面被冰雨覆盖得像镜面一样，可以照出人影。此时别说查线了，就是站在上面，稍不小心都会摔倒。妻子看到后，怕他有危险，马上拿

着手电筒跟了出来，死活都要跟着他一起巡线。夫妻俩相互搀扶着，在湿滑的冰面上艰难地行进。

原本荆棘密布、草木丛杂的山路此刻已被冰雪覆盖，平日依稀可见的一条羊肠小道此时也已难觅踪影。卢振印夫妻俩只好借着手电筒微弱的光亮，深一脚浅一脚地爬行在重峦叠嶂的群山之中。第二天凌晨五点多，夫妻俩在位于半山腰的 21 号杆处发现故障，是被雪压倒的树搭在了线路上。第二天，卢振印和杨泉革说起这件事，杨泉革笑着说，自己的妻子怕他出事，昨天也跟着去查线了。

两个人的供电所，有些时候，也变成了四个人的供电所。

【巡线的一天】

杨泉革和卢振印目前负责八道河地区 6 个行政村、30 个自然村 860 户居民的抄表收费工作，还有一条 40 千米长的 10 千伏高压线路、一条 26 千米的低压线路的维护抢修工作。

两位老师傅的施工、抄表、抢修等足迹遍布了这大山里的每个村落、每个寻常百姓家、每条羊肠小路。

虽然看起来和别的供电所员工的工作没什么两样，但由于地处崇山峻岭之中，10 千伏杆塔矗立在两个山头之上，光是徒步走过去就需要 1 个小时。上山的小路崎岖陡峭，他们俩每次巡线都要徒步翻山越岭，特别是遇到雨雪等恶劣天气时，每次巡线都像是一次历险。

巡查的 10 千伏线路有一段位于著名的箭扣长城附近，每巡查一基电杆都要翻山越岭，线路的跨度几乎超过了一公里。为了尽快到达下一基电杆处，杨泉革和卢振印会选择爬一小段箭扣长城，而这一小段路就在箭扣长城最著名的通天石梯附近。

每到中午，两位师傅回到所里的第一件事，就是打开自来水把所里大大小小的水桶装满。因为地处偏远，山里的生活用水比较紧缺，即便现在有了抽水机抽水，也是分时段供水，赶上出去抢修，有时回来想喝口水都没有。为此，他俩特别准备了一口大缸和几个塑料桶，一到给水的时间，就把能装水的全部装满。到了夏天，就连放在卫生间的洗衣机也被他俩当成水桶使用，以备不时之需。

吃饭时，头道梁村的村民黄守青来到供电所说家里没电了，卢振印放下碗筷，拿上工具去了黄守青家。经过一番检查，原来是他家中的线路老旧破损造成了短路，卢振印马上为其更换了线路，合闸送电，完成抢修。

“我们这边是偏远山区，留在这里的全是老人和小孩，对电是一点不懂。所以，不管是用电还是其他的事，俩人从来是随叫随到，口碑特别好。”村民黄守青这样评价杨泉革和卢振印。

【守卫光明的责任】

6 间小平房，一屋的抢修工具，一辆抢修车、一台计算机、一台破电视、一台洗衣机几乎是八道河分所的全部值钱家当。

“夏天在这里挺好，凉快。冬天就不行了，太冷。所以在这里的人都不买冰箱……”杨泉革打趣说。由于海拔高，这里的冬天最低气温都在零下二十几摄氏度，如果遇到事故抢修没人烧煤炉的时候，屋子里就跟冰窖一样。为了彻底解决后顾之忧，公司给他们安装了新的电暖气，并对房屋进行了保暖改造。以后，不管外面多冷，只要回到供电所这个家，都会觉得暖意融融。

“干我们这行，让百姓舒心用电就是最大的心愿……”不善言辞的杨泉革和卢振印这样说。在外人眼里，他俩是当地百姓的好兄弟、供电公司的好员工，可在家人眼里，他俩却不是好丈夫、好父亲。由于所里只有两个人，一年 365 天，除了抢修时间，每个人仅值班时间就至少有半年，家里有什么活儿都指望不

上他们俩。

杨泉革家在农村，去年秋天，他家谷子熟了，妻子把千辛万苦打下的谷子交给他，让他去路边晾晒。谁知刚把谷子铺好，一个电话就打了过来，北沟村村民张克旺家突然没电了。接到电话后，杨泉革放下手里的活，立即赶往张克旺家。在把张克旺家的老化线路更换好，重新送上电时，夜幕已经降临，此时的杨泉革才想起还晒着的谷子，等他赶回晒谷子的路边才发现，大部分谷子已被过路的汽车轧得不知去向。

按杨泉革妻子的话说："家里的事再大也是小事，百姓用电的事再小也是大事！"

长城脚下，卢振印和杨泉革从年轻气盛变为双鬓花白，在他们身上没有轰轰烈烈的事迹，却有着一份固有的执着。面对"这样坚守值得吗？""换个工作收入可能会更高"等类似的提问，他们给出的答案惊人得一致："这是我们的责任。"

也许无从找寻答案，也许是那一颗守卫光明的心吧！

手机的独白

⊙ 国网北京信通公司

我快要报废了，寂寞地躺在抽屉里，想起往日光辉，默默抽泣。

我是一部手机，一部和尹康形影不离的手机。

尹康，国网北京信通公司工程管理中心主任，全年承担工程建设任务 109 项，重点工作任务 16 项。尤其是在政治供电保障期间，为了顺利完成保电任务，她不仅要 24 小时轮班值守，还要进行工程建设、系统运维、系统开发、全面检修 ERP 等工作。

我常常陪着她不眠不休，一连工作好几日。

我记录尹康的工作，也记录她的生活。

【系统警报：剩余电量15%】

尹康将我接到了充电线上，在这里，我最不用担心的就是停电。只是最近吃得比较多，饿得比较快，网上说手机电池充放电次数是有限的，供电保障期间，我觉得我的充电次数可能被使用了一大半。

根据通话记录显示，其中有几条分给了她的爱人——国网北京电力公司调控中心的王兴存。

因为工作繁忙不常相见，我便成了他们夫妻俩沟通的桥梁。

“老婆，天凉，加衣。”

“知道了，你也是，别着凉了。”

“老婆，我今天要加班。”

“好巧，我也要加班……”

“那女儿……”

“……”尹康最终也没有回复这条信息。

尹康和王兴存有一个刚上小学一年级的女儿，丸子。

丸子平时都是由姥姥照顾，已经很长时间没有见过爸爸妈妈了，我对丸子的印象只停留在通话记录和几张相册里储存的照片：一个小女孩天真活泼地对着我的摄像头做鬼脸。

虽然尹康和王兴存夫妇俩在同一个单位，但根据我的聊天记录显示，他们俩约会次数还没有我的键盘按钮多。

舟车劳顿、颠颠簸簸，尹康带着我来到了一个重点保障现场，惊喜悄然而至。

下车的那一刻我看到尹康和王兴存相视一笑，短暂的眼神交流，两人立即投入工作状态。

对比我相册里一张很久之前一家人出去游玩的全家福，我发现尹康和王兴存的侧脸颊都缩小了将近 5 毫米，可能机器语言太专业，用人类语言来说，就是瘦了一圈儿。

尹康说：和你最浪漫的事就是刚巧遇见。

王兴存说：我也是。

王兴存负责北京地区的调控运行管理，供电保障期间需要 24 小时轮班值守。

有一次，尹康给王兴存打电话，王兴存没接；王兴存给尹康回电话，尹康也没接。

“怎么不接电话？”王兴存给尹康发了微信。

我拼命震动机身，提醒尹康，奈何尹康想起来我的存在，已经过去了 4 个小时……

“别气，太忙。”【键入，发送】

凭我多年陪伴尹康的经验，老夫老妻，彼此了解，几个字就能打消对方心中的气恼。

一觉醒来，我听说尹康接了个大活儿：供电公司配电运营指挥中心建设。

这个工作要在 4 个月内完成，我忙着检测自己的寿命还能不能撑到那个时候。

4 个月的时间对我来说，好长；对尹康来说，好短。

“配电运营指挥系统包括调度、运行、营销客服和运营监测等很多个专业，要求比较高，需要各个部门积极配合，只是他们也忙，时间不定，工期又这么短……我来联系吧……”

我第一次听见尹康这么为难的声音，紧接着，噼里啪啦，机身颤动，一大波陌生号码袭来。

【新建联系人，编辑，保存】

尹康忙碌，我也不能休息，年迈的我深感力不从心。

我躺在办公桌上，充着电，享受着片刻的闲暇时光，距离我上一次“吃饱饭”，已经过去 4 个月之久了，夕阳照在尹康熟睡的侧脸上，熠熠生辉。

回想起这 4 个月的生活，可以用 4 个字来概括：通宵，工作 。

为了攻克技术难题，几百次会议，大大小小；几十个站点，东奔西跑。好在，按时完成任务，尹康松了一口气，趴在桌子上就睡着了，睡前还不忘给我充充电，奖励我这 4 个月来的无私奉献。

【系统警报：剩余电量10%】

时间一点一点地溜走，现在充电对于我来说已经是一个费力的事情了，我知道我的寿命正在一点一点地流逝。

夜深人静的一日，人们都已熟睡，只有我睁着眼。

我看着王兴存轻手轻脚开门进来，生怕吵醒已经睡着的尹康。

月明风清的一日，人们都已熟睡，只有我睡不着。

我看见尹康轻轻起身，为王兴存拉了拉被角。

后来，我因为时常充电不灵光，被尹康收在抽屉里，一张小纸条静静地躺在旁边，上面有歪歪扭扭的字迹：爸爸妈妈，我想你们了。

【系统警报：剩余电量5%】

已经年迈的我，用仅存的电量，努力回想他们夫妻俩最浪漫的事。

2017 年 10 月 4 日，星期三，二级供电保障时段。

“老婆，月亮挺圆。”王兴存站在前门调控中心窗前。

“嗯，忙完了吗？”尹康在亦庄工程中心的窗前，抬头。

海上生明月，天涯共此时。一轮圆月挂在天空，根据我的日历显示，那天是供电保障的第五天——中秋节。

而我，终于，充不进电了。

老公
老婆，天凉，加衣
知道了，你也是，别着凉了
老婆，我今天要加班
好巧，我也要加班……
那女儿……

国网北京信通公司
找出问题，解决问题，大家加油加油！

妈妈，我好想你

爸爸妈妈，
我想你们了

老婆，月亮挺圆的
嗯，忙完了吗

“全能型，我看行”

⊙ 国网北京通州供电公司

通州，西集镇。上万亩的种植面积，让这里成为北京最负盛名的“樱桃小镇”。

因为大运河和潮白河的环抱，西集镇累积出最适合樱桃生长的天然沙壤土。几十家种植园星罗分布，“樱桃经济”方兴未艾。

沙古堆村是西集镇樱桃的黄金产地，韩友双的 60 亩樱桃园就在这里。经过 10 年经营，400 多棵樱桃树进入盛果期，产量高，果子又大又甜，远近驰名。

瞅着自己的生意越来越旺，韩友双从心底里感激通州西集供电所。

那是 2017 年 6 月底，韩友双突发奇想，准备跨界组织一次“樱桃采摘 + 时尚

PARTY”，要为收尾阶段的采摘季画上一个完美的句号。

说干就干，韩友双在采摘园搭起小 T 台，布置了音响和电烟花，报名参加的人还很多。

谁知道，就在活动举办的当天早上，音响突然闷声不响，电烟花也不亮了。韩友双傻了眼，游客和模特都要到了，这时候要是停了电，精心准备的“时尚 PARTY”不就泡汤了？

韩友双怒气冲冲，打电话质问西集供电所，“怎么回事儿？”

“您别急，一辆大货车撞断了电杆，导致您樱桃园所在地区的线路发生故障。检修人员正在全力抢修。”工作人员耐心解释道。

责任怪不到供电所的头上，韩友双一时不知道该怎么办，向供电所的工作人员说明了缘由，工作人员赶紧安慰说：“这样吧，我们会努力先为您供上电。”

10 分钟后，两辆大黄车开到采摘园的门口，经理王龙向韩友双解释：“撞断的电杆需要更换，少说也得两个小时。我们开来了小型发电车，可以给您的园子供电，放心吧。”

韩友双这才发现，大黄车的后面拖挂着一个 2 立方米的设备。王龙和工友像变魔术一样，拿出工具和接线开始动手干活儿。

王龙一边手里忙活着，一边解答韩友双的问题：“大黄车是我们自己改装的，后备箱分隔为 6 个立体小区域，以前成堆混放的工具，如今分别放置，抢修的时候马上就能找到，速度差不多提升了一半。”

看着韩友双听得入迷，王龙继续说道：“今年年初，我们启动‘全能型’供电所的建设，不光设备要全能，人也要全能。我以前一直干运维，就是爬杆和处理线路故障。全能型供电所建成之后，运维班和服务班合并了，我又学会了户表抢修，别管什么故障，都能立马解决问题。”

说话间，发电车连接完成，顺利启动，樱桃园里的音响出声了，电烟花也亮了。韩友双一看表，“时尚 PARTY”一点儿没耽误，采摘季完美收官。

这次“意外”过后，韩友双再看见戴着安全帽的供电人员，就觉得特别亲切。

2018年4月，西集镇政府召开新一年“西集樱桃节”启动会。一个面前摆着“西集供电所”桌签的小伙子引起了韩友双的注意。“早听说西集供电所是全国文明单位，年轻的所长还是高学历的‘海归’，莫不就是眼前这个人？”

一番攀谈后得知小伙子果然是西集供电所所长潘正阳。韩友双先是表达了感谢，接着又说出自己的新烦恼。原来，他刚刚盘下采摘园外的一处门市房，想赶在采摘季前开一个小超市，既卖自产的樱桃和樱桃酒，也顺带销售饮料和冷饮。可是，电表还没有装上。

潘正阳笑了：“您现在申请报装，下午就会有工作人员联系您。”

韩友双满脸疑惑：“现在？下午？我听说报装电表至少得一个月呢。”

“那是老皇历了，我们早就推行零上门、零审批、零投资的‘三零’服务了。如果服务对象是小微企业，我们的支持力度更大，一个星期肯定通上电。”潘正阳掏出手机，点开“掌上电力”APP，一步一步地辅导韩友双线上报装。

果然，当天下午，供电所的工作人员就来到了采摘园。

韩友双一看，来的竟然还是王龙："报装也要管，你还真是'全能型'啊！"

"我是台区经理，必须都要会干才行。"王龙接过报装资料快速翻看，"别的都全了，只是少一张营业执照的复印件……"话没说完，他手机里的抢修 APP 发出"嘀嘀嘀"的提示声。"我的管片里有一处发生低压故障，我先去故障点，您准备好复印件，我一会儿回来取。"

"供电服务变化这么大？我得去供电所看一看，到底'全能'成什么样子。"韩友双没有在采摘园里等着王龙回来，径直带着复印件来到供电所。

一进营业厅，韩友双觉得自己就像刘姥姥进了大观园，眼睛都不够使了。以往刻板的业务办理窗口，如今成了客户体验区，各种业务几乎都可以在网上办理，从电动汽车到智能家居，新的供电服务更是超乎人们的想象。

3 天后，韩友双的樱桃酒小超市正式通电，抢在采摘季开始前开门纳客。

打这以后，西集供电所在韩友双心里的地位更高了，他逢人便说："全能型，我看行！"

小班组大格局

⊙ 国网北京海淀供电公司

不论运检人员身处何地，手机上都可以随时跳出电子工单。接单人按照工作流程迅速行动，奔赴指定地点，开展检修。整个服务工作的全流程，都会准确地记录在指挥系统里。

在全国科技创新核心区的海淀，一款高智能的电力移动作业 APP 已经被广泛投入应用，一旦遇到突发事故，就近安排抢修人员赶到现场，服务保障水平大大提升。

开发这套 APP 的国网北京海淀供电公司配电运营指挥中心，论起规模来，不过是供电系统里一个小小的班组。不过，它可是一个特殊的班组，因为它在整个国家电网公司还是第一家，创新概念十足。

和以往的组织结构相比，配电运营指挥中心的建构全然不同。导向的变化一马

当先，从以电网为导向转变成以客户需求为导向。运行模式跟着被完全打破了，传统的调度、运检和营销业务变得扁平化和集约化，集中在一个指挥中心。

国家电网公司把在全国范围内的第一个改革试点，放在了自带“创新属性”的海淀供电公司。毕竟，中国改革创新的试验田中关村，就在他们服务的区域内。

配电运营指挥中心是一个充满青春活力的班组，成员大多是年轻人。班组负责人李昕生也是一位“80后”，对于“互联网+”和创新有着天然的兴趣。从中心成立开始，“以服务为核心，以工作为平台”，就成为班组创新的方向。

年轻人思维活跃，很快想到自己生活中经常用到的智能APP，无论是共享单车APP，还是外卖购物APP，都让原本烦琐的事情变得便捷起来。“换位思考一下，如

果我们的电力服务也能像这些智能 APP 一样，是不是客户可以足不出户就能享受触手可及的服务？”

就这样，一次跨专业融合的探索开始了。

一个功能十足的 APP，离不开强大的“大脑”。

指挥中心把不同专业的平台和海量的数据进行融合，打通专业壁垒，实现信息共享和可视化管理，供电员工在什么地方工作，都能通过平台看得见，实现指挥层面集约管控。

有了强大的“大脑”，自然还需要高效智能的移动作业“终端”。

一旦出现工作任务，可以迅速以电子工单形式进行远程派送，同步自动匹配工作标准、制度和工作流程。通过互联网平台的自动优化路径，智能规范现场作业，并记录每一步工作细节。工作完成以后，通过“终端”计算积分，盘点绩效，客户给没给“好评”变得不一样。

就这样，手机上的智能 APP 把运检部门和营销部门集合在一起，把供电员工和服务客户联结在一起，工作任务和客户需求显示成一个又一个图标。遇到突发事故时，后台可以根据定位系统就近安排检修人员，再也不用工人师傅拿着单子从远处赶往

现场，大大节约了时间，效率得到成倍提升。每一次检修服务，无论是服务的过程、服务的结果还是客户的评价，在智能 APP 上都一目了然，大大促进了服务水平的改善。

以前，遇到供电故障需要检修，打过电话报修之后，只能就地等待。现在不一样了，在手机上点一下报修键，系统会根据客户的位置与事故情况，第一时间分配最适合的抢修人员，师傅的工龄、技术水平和服务评价即时可见。师傅走到什么地方，还有多长时间能到，都可以在手机上查到。

通过改革和融合，李昕带着大家研发出这套“移动终端 + 互联网 + 大数据”的智能、高效的管理体系，实现了管理人员对作业过程、作业质量的全管控，实现了运行信息穿透、管理信息穿透，设备透明、人员透明，质量管控、人员管控的管理目标。

孜孜不倦的创新，让这个小小的班组登上了更大的舞台。

2018 年 4 月 28 日，李昕代表班组参加了全国“五一”国际劳动节表彰大会，代表电力员工接受颁奖。这一刻，整个配电运营指挥中心的员工倍感荣耀，在小小的班组里，他们完成了自己人生的一次升华。

图书在版编目（CIP）数据

电靓京华 / 国网北京市电力公司编著. — 北京: 中国工人出版社, 2018.10
ISBN 978-7-5008-7082-1

Ⅰ. ①电… Ⅱ. ①国… Ⅲ. ①电力工业—工业企业—先进工作者—先进事迹—北京
Ⅳ. ①K826.16

中国版本图书馆CIP数据核字(2018)第243462号

电靓
京华

出 版 人　王娇萍
责任编辑　安　静　李素素
责任校对　赵贵芬
责任印制　栾征宇
出版发行　中国工人出版社
地　　址　北京市东城区鼓楼外大街45号　邮编：100120
网　　址　http://www.wp-china.com
电　　话　（010）62005043（总编室）
　　　　　（010）62005039（出版物流部）
　　　　　（010）62382916（职工教育分社）
发行热线　（010）62005049　（010）62005042（传真）
经　　销　各地书店
印　　刷　北京美图印务有限公司
开　　本　710毫米×1000毫米　1/16
印　　张　16.25
字　　数　200千字
版　　次　2018年11月第1版　2019年7月第2次印刷
定　　价　68.00元